ESO 3

RELIGIÓN CATÓLICA

Valero Crespo Marco

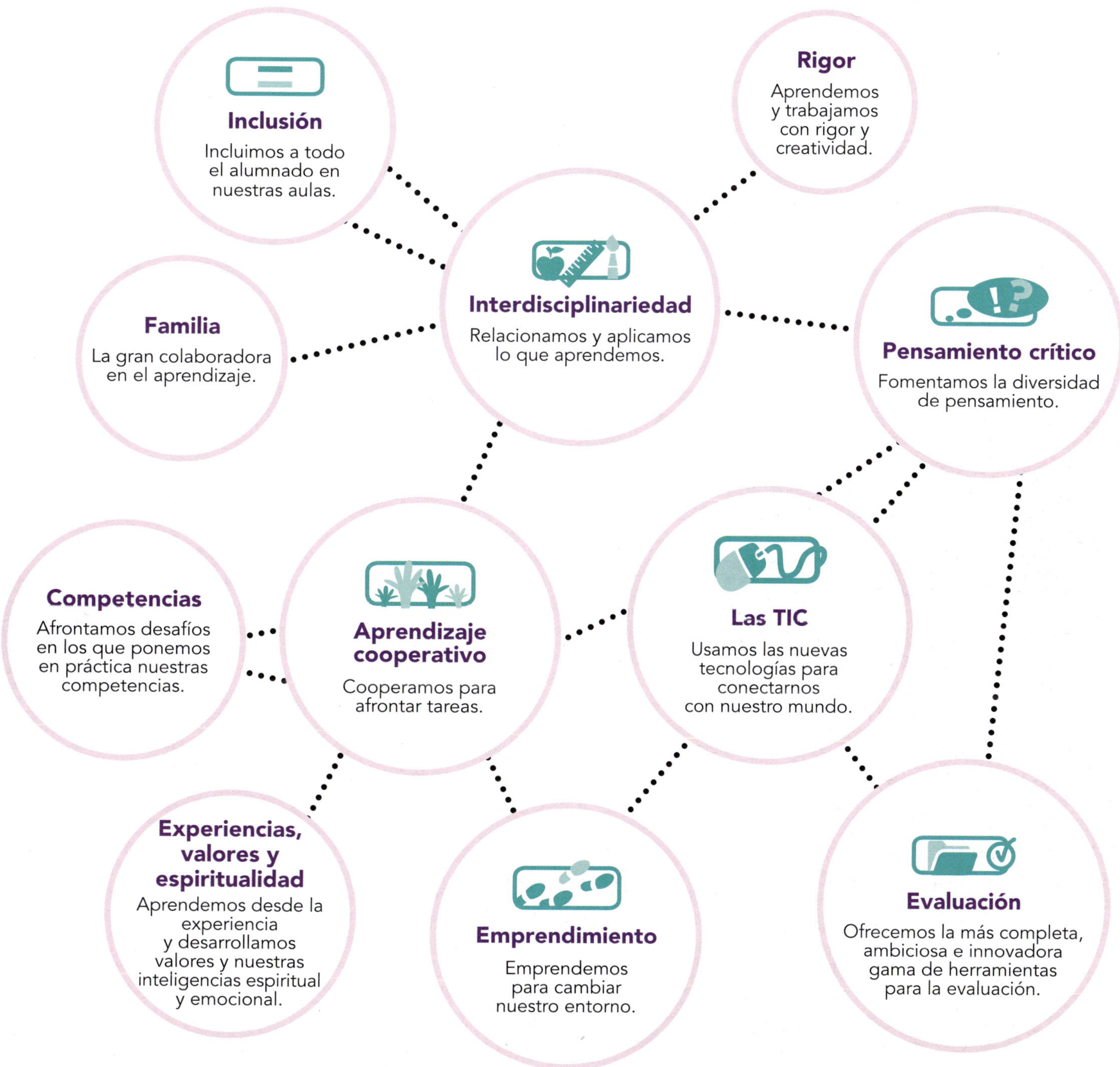

ANAYA

CONTENIDOS DEL CURSO

Inteligencia espiritual	Inteligencia emocional	Mis valores humanos y cristianos	He aprendido
• Autoconocimiento y espiritualidad	• El sentimiento de llorar	• El valor de la fe en Dios	• Sobre el deseo de encontrar a Dios, sobre el relato bíblico y sobre el valor de la fe en Dios 
• Pecados y virtudes de la Biblia	• El sentimiento de experimentar la Providencia	• Valores que dan sentido a la vida 	• Sobre el sentido cristiano de la vida, sobre el relato bíblico y sobre los valores que dan sentido a la vida
• La espiritualidad del perdón en el arte	• El sentimiento de arrepentimiento 	• El valor de perdonar	• Sobre el pecado, el Orden y la Unción, sobre el relato bíblico y sobre el valor de perdonar
• Espiritualidad y vocaciones cristianas particulares	• El sentimiento de vocación	• El valor del servicio	• Sobre la vocación y el Orden, sobre el relato bíblico y sobre el valor del servicio 

Inteligencia espiritual	Inteligencia emocional	Mis valores humanos y cristianos	He aprendido
• La espiritualidad mejora la vida humana	• El sentimiento de vivir 	• El valor de celebrar la vida	• Sobre Jesucristo, moral y vida humana, sobre el relato bíblico y sobre el valor de la vida
• Espiritualidad, virtudes y pecados capitales	• El sentimiento de generosidad	• El valor de la caridad 	• Sobre la moral católica del consumo, sobre el relato bíblico y sobre el valor de la caridad
• Cómo practicar la espiritualidad cristiana	• El sentimiento de colaboración	• El valor de la solidaridad	• Sobre la misión y la organización de la Iglesia, sobre el relato bíblico y sobre el valor de la solidaridad 
• Espiritualidad e historia personal de vida 	• El sentimiento de fe	• El valor de cooperar con el grupo	• Sobre la historia de la Iglesia, sobre el relato bíblico y sobre el valor de cooperar
• La espiritualidad y las peregrinaciones	• El sentimiento de piedad	• El valor de la tolerancia	• Sobre el arte cristiano, sobre el relato bíblico y sobre el valor de la tolerancia 

ASÍ ES TU LIBRO

1 La apertura de la unidad

El libro se compone de nueve unidades. Cada una de ellas comienza con un breve esquema de los contenidos de la unidad y los apartados «Comenzamos» y «Reflexionamos», en los que por medio de breves textos y preguntas te invitan a reflexionar sobre ellos.

2 Experiencias humanas y cristianas

En el primer apartado de cada unidad te proponemos una lectura sobre experiencias de vida que te servirán de ejemplo para comprender mejor los contenidos religiosos.

Las actividades te ayudarán a descubrir las principales enseñanzas de la lectura.

esquemas aclaratorios que refuerzan el aprendizaje de los contenidos expuestos.

3 El desarrollo de los contenidos

Los contenidos se presentan organizados en epígrafes. Se han destacado en negritas los conceptos más importantes para facilitarte su identificación.

En todas las páginas encontrarás ilustraciones y fotografías que complementarán los contenidos tratados.

Al final de este apartado, una serie de actividades te permitirán afianzar y ampliar tus conocimientos.

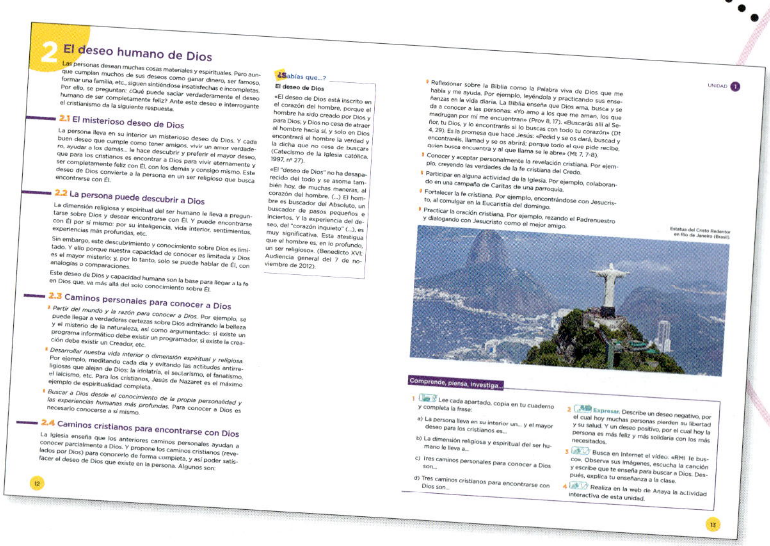

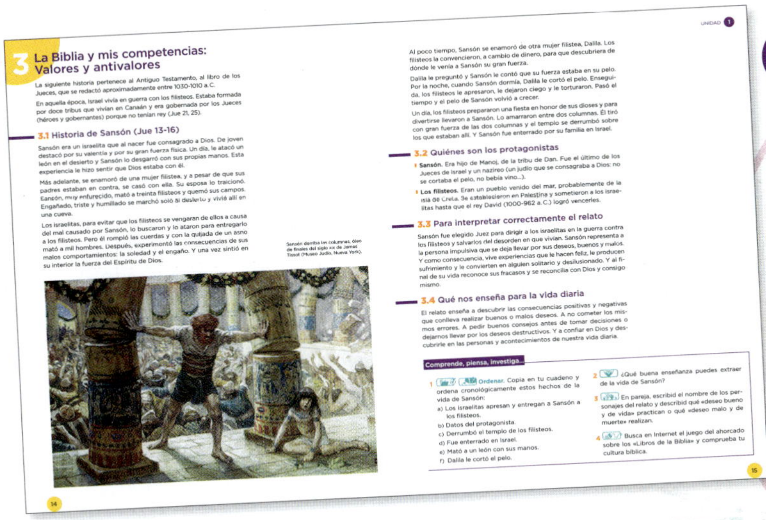

4 La biblia y mis competencias

En este apartado, la unidad te ofrece una historia de la Biblia con un mensaje relacionado con los contenidos.

Para que puedas realizar una correcta interpretación de esta Historia Sagrada, te proponemos sus principales claves y sus correspondientes actividades.

5 Taller de inteligencias múltiples

En cada unidad encontrarás tres páginas para trabajar la adquisición de las competencias básicas: tu inteligencia espiritual, tu inteligencia emocional y tus valores humanos cristianos.

Estas páginas plantean actividades con las que pondrás en práctica competencias básicas que contribuyen a tu desarrollo personal y social.

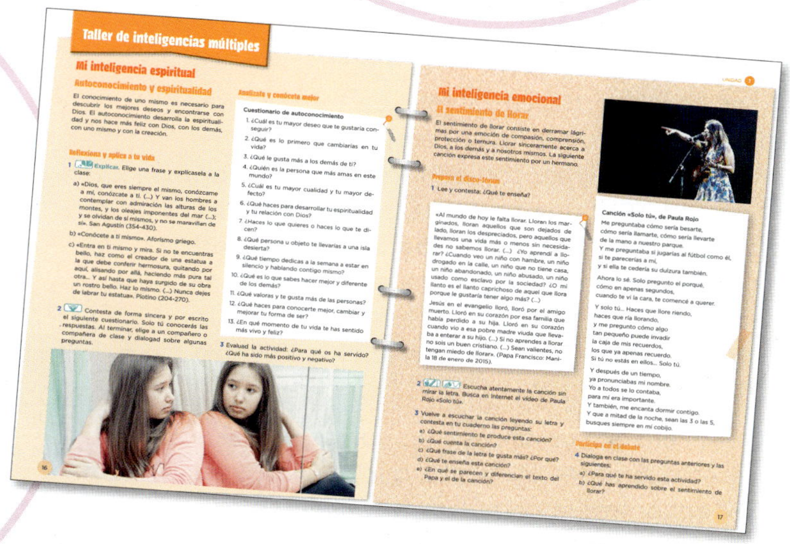

6 Evalúa tus conocimientos

En la última página de la unidad, a través de las actividades de los apartados «He aprendido» podrás evaluar tus conocimientos y profundizar en la expresión de tus emociones.

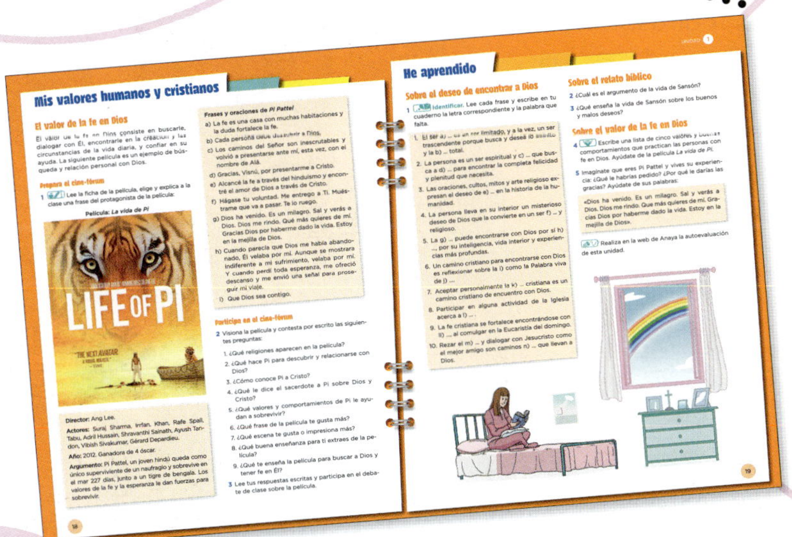

La web del alumnado y de la familia en anayaeducacion.es

¿Qué es? Un espacio lleno de recursos digitales para mejorar tu aprendizaje.

¿Cómo accedo? Regístrate en nuestra web e introduce el número de licencia que encontrarás al abrir este libro.

¿Cuándo accedo? Cuando el icono indique que en **www.anayaeducacion.es** dispones de recursos relacionados con el contenido que estás estudiando. Y, por supuesto, visita la web siempre que quieras descubrir y aprender más.

1

La persona busca a Dios

Comenzamos

El sentido religioso del ser humano

El ser humano desea la felicidad completa. Sin embargo, nunca está completamente feliz con lo que tiene, con su forma de ser, con los demás... Por una parte, es un ser limitado, finito y sometido al poder de la enfermedad y la muerte; y, por otra parte, es un ser trascendente porque busca y desea lo infinito, la felicidad total, el vivir siempre, el encuentro con Dios...

Por ello, el ser humano es un ser espiritual y religioso que desea el infinito, que es Dios, y así poder encontrar la completa felicidad y plenitud que necesita.

En la historia de la humanidad y las religiones encontramos multitud de expresiones sobre este deseo de Dios: oraciones, cultos, mitos, arte religioso, etc. En todo tiempo y lugar las personas han buscado a Dios y han sentido la necesidad de encontrarse con Él.

- ¿En qué ejemplo se puede observar el deseo de infinito y felicidad completa que tiene la persona?
- ¿Qué título le pondrías a la imagen? ¿Por qué?

En esta unidad vas a estudiar

El deseo humano de encontrar a Dios

- Caminos para descubrir y encontrarse con Dios.
- El relato bíblico de «La vida de Sansón».
- El valor de la fe en Dios.

Reflexionamos

Para situarnos

- **Los países más felices del mundo.** Las personas más felices no son las que más tienen o viven en los países más ricos. Así lo expresa este estudio: «La felicidad no depende de la rentabilidad del bono a cinco años o del dinero. (...) Este ranking de felicidad formado por 151 países está encabezado por Costa Rica, país al que siguen Vietnam y Colombia. Alemania y Francia ocupan los puestos 46 y 50, mientras que España ocupa la posición número 62. Estados Unidos ocupa el lugar 105 de los países menos felices del planeta. (...) Descubrimos que los países más felices no son los que forman el llamado primer mundo». (*ABC,* 11 de febrero de 2013).
- **La inteligencia espiritual.** La ciencia ha descubierto que existen diferentes tipos o aplicaciones de la inteligencia humana: la inteligencia matemática, la inteligencia artística, etc. Para ser feliz con Dios, con los demás y consigo mismo es necesario desarrollar esta inteligencia: «La Inteligencia Espiritual es la más importante de las múltiples inteligencias y que además posee el poder de transformar tu vida, la civilización, el planeta y el curso de la historia. (...)». (Tony Buzan: *El poder de la inteligencia espiritual.* Urano, Barcelona, 2005, pág. 13).
- **Existe el deseo de Dios.** La genética ha demostrado que el ADN humano tiene 35 000 genes, y que algunos están relacionados con Dios. Por ello, la espiritualidad y el desear a Dios tienen una base biológica. Así lo ha demostrado un importante científico genetista: «El gen de Dios existe. (...) Nuestros genes son los que, en principio, nos hacen receptivos a la espiritualidad y a la fe. (...) Nuestra constitución genética es la que determina nuestra espiritualidad. (...) Una posible ventaja evolutiva de los genes que motivan nuestro impulso a creer en algo superior a nosotros, sería la de mejorar la salud y la longevidad». (Dean Hamer: *El gen de Dios.* La Esfera de los Libros, Madrid, 2006). Esto no significa que sea la genética de cada persona la que le haga ser cristiano, musulmán o ateo. Lo más importante es la libertad, la fe, la gracia de Dios, las experiencias y opciones personales, la búsqueda personal del misterio de Dios...

Dialogamos

1 ¿Qué hecho te llama más la atención? ¿Por qué?

2 ¿Qué piensas que puede hacer más feliz a una persona?

3 ¿Qué opinas del deseo de Dios que tiene el ser humano?

4 ¿Qué le dirías al personaje de la imagen para que desarrolle su inteligencia espiritual?

1 Experiencias humanas y cristianas

Hoy las personas siguen buscando la plenitud y la felicidad completa. Para satisfacer este deseo siguen caminos diferentes. Algunos son falsos porque no llenan este deseo y despersonalizan, como, por ejemplo, dejarse llevar por las drogas, el fanatismo o el consumismo.

Por el contrario, otros caminos como los que proponen las religiones son verdaderos porque responden a este deseo, personalizan y acercan a Dios. El siguiente testimonio muestra el cambio y felicidad que produce el encuentro con Dios.

1.1 El camino hacia Dios de Anne Igartiburu

Anne Igartiburu es una famosa presentadora de Televisión Española. En el año 2011, se encontró con Dios y este hecho le cambió la vida. Anne deseaba ser madre y comenzó los trámites de adopción en la India. Por ello, realizó varios viajes a la India, al orfanato de Ankur, llevado por las religiosas de las Hermanas de la Caridad de Santa Ana, cuya superiora es la española, Sor Primi Vela. Hablar con ella le ayudó a descubrir a Dios y a fortalecer su espiritualidad.

Cuando adoptó a Noa, una niña india cuya madrina es Sor Primi Vela, se produjo un cambio en Anne. En una entrevista en el programa Últimas Preguntas de TVE la presentadora confesó: «cada día es una aventura, y solo espero ser capaz de dar mucho amor y ser generosa. (...) Curiosamente, mi hija me dice que no la he adoptado yo sino que ella me ha adoptado a mí. Quizá te sorprenda pero es ella la que me está marcando los valores. Dios estaba en mi vida pero he llegado cerca de Él gracias a este regalo que me ha hecho y que es esta persona».

Anne Igartiburu recibiendo el premio Ondas (1912).

También expresó los nuevos valores y sentimientos que vivía gracias a la espiritualidad que había descubierto: «El camino a Dios, una aventura. (...) Es un descubrimiento tan bonito. (...) Los valores los marcamos porque van llegando a nosotros. No debemos dejar pasar tener esta espiritualidad, esa búsqueda continua para superar las dificultades cada día».

Preguntada sobre cómo conoció a este Dios hasta entonces desconocido para ella, Anne dijo que «Es un descubrimiento para todo el mundo, jóvenes y no jóvenes. Noa llega de un entorno religioso en la India, de las hermanas de la caridad de Santa Ana y yo llego ahí por afinidad. Pero ese camino hacía Dios, esa búsqueda es una aventura interna y un regalazo».

Desde que conoció a Dios, ahora todo «es una celebración, la espiritualidad y la fe son una celebración. Noa llegó así y solo tengo agradecimiento. (...) Quien no tiene esa espiritualidad vive de otra forma y busca la felicidad de otra manera. En nosotros hay compromiso social y con la comunidad, acudiendo también los domingos a misa como cosas cotidianas».

Para ella, «Dios es vida, es compromiso, aprendizaje... es todo. Me siento muy pequeña porque cada día hay que aprender. (...) Vengo de una familia que no era religiosa, para mí ha sido todo búsqueda y el problema de muchos creyentes es que no lo reconocen. También es valentía y conflicto». Ahora es muy feliz así.

Su encuentro con Dios le hace comprometerse con los más pobres. Lo hace por haber encontrado lo que antes no tenía. Por ello, Anne Igartiburu ha vuelto a ser madre tras adoptar a un bebé vietnamita. Debido a su vida discreta, los medios se enteraron cuando la fotografiaron saliendo un domingo de misa junto a sus dos hijas.

Actualmente, la presentadora dedica parte de su tiempo libre y de sus vacaciones para colaborar como voluntaria con las hermanas de Santa Ana y con Manos Unidas. Y, en la India, ayuda a los más pobres en los orfanatos, los hospitales y los centros de enfermos de Sida.

(Tomado de: http://www.religionenlibertad.com/el-curioso-camino-de-fe-de-anne-igartiburu-la-busqueda-de-28882.htm).

¿Sabías que...?

Todo esto deseo

«Qué mi oído esté
atento a tus susurros.
Que el ruido cotidiano
no tape tu voz.
Que te encuentre,
y te reconozca
y te siga.
Que en mi vida brille tu luz.
Que mis manos estén abiertas para dar y proteger.
Que mi corazón tiemble con cada hombre y mujer que padecen.
Que acierte para encontrar un lugar en tu mundo.
Que mi vida no sea estéril.
Que deje un recuerdo cálido en la gente que encuentre.
Que sepa hablar de paz, imaginar la paz, construir la paz.
Que ame, aunque a veces duela.
Que distinga en el horizonte tus señales.
Todo esto deseo, todo esto te pido, todo esto te ofrezco».

(José M. R. Olaizola (1883-1969) en: *El libro de los buenos deseos*. Malsinet, Barcelona, 2006, pág. 45).

Comprende, piensa, investiga...

1 **Reconocer.** ¿Qué caminos falsos siguen hoy las personas para satisfacer su deseo de plenitud y felicidad completa? Pon ejemplos.

2 ¿Qué caminos verdaderos sirven para encontrar la plenitud y felicidad completa? Pon ejemplos.

3 ¿Qué te llama más la atención del testimonio de Anne Igartiburu?

4 ¿Qué te enseña para ser más persona y más feliz?

5 Imagínate que tu amigo te dice: «Estoy triste porque he suspendido varias asignaturas. Y para evadirme fumo y bebo, pero cada vez estoy más deprimido. ¿Qué debo hacer para ser feliz y salir de esta situación?»

a) ¿Qué solución le recomendarías?

b) ¿Qué harías para ayudarle?

6 En pareja, visitad la web de las *Hermanas de la Caridad de Santa Ana*. Consultad el apartado de apadrinamientos y contestad: ¿Qué os llama más la atención de esta web? ¿Cómo apadrinar?

7 Realiza en la web de Anaya la actividad del apartado «Comenzamos a reflexionar» de esta unidad.

2 El deseo humano de Dios

Las personas desean muchas cosas materiales y espirituales. Pero aunque cumplan muchos de sus deseos como ganar dinero, ser famoso, formar una familia, etc., siguen sintiéndose insatisfechas e incompletas. Por ello, se preguntan: ¿Qué puede saciar verdaderamente el deseo humano de ser completamente feliz? Ante este deseo e interrogante el cristianismo da la siguiente respuesta.

2.1 El misterioso deseo de Dios

La persona lleva en su interior un misterioso deseo de Dios. Y cada buen deseo que cumple como tener amigos, vivir un amor verdadero, ayudar a los demás... le hace descubrir y preferir el mayor deseo, que para los cristianos es encontrar a Dios para vivir eternamente y ser completamente feliz con Él, con los demás y consigo mismo. Este deseo de Dios convierte a la persona en un ser religioso que busca encontrarse con Él.

2.2 La persona puede descubrir a Dios

La dimensión religiosa y espiritual del ser humano le lleva a preguntarse sobre Dios y desear encontrarse con Él. Y puede encontrarse con Él por sí mismo: por su inteligencia, vida interior, sentimientos, experiencias más profundas, etc.

Sin embargo, este descubrimiento y conocimiento sobre Dios es limitado. Y ello porque nuestra capacidad de conocer es limitada y Dios es el mayor misterio; y, por lo tanto, solo se puede hablar de Él, con analogías o comparaciones.

Este deseo de Dios y capacidad humana son la base para llegar a la fe en Dios que, va más allá del solo conocimiento sobre Él.

2.3 Caminos personales para conocer a Dios

- *Partir del mundo y la razón para conocer a Dios.* Por ejemplo, se puede llegar a verdaderas certezas sobre Dios admirando la belleza y el misterio de la naturaleza, así como argumentado: si existe un programa informático debe existir un programador, si existe la creación debe existir un Creador, etc.
- *Desarrollar nuestra vida interior o dimensión espiritual y religiosa.* Por ejemplo, meditando cada día y evitando las actitudes antirreligiosas que alejan de Dios: la idolatría, el sectarismo, el fanatismo, el laicismo, etc. Para los cristianos, Jesús de Nazaret es el máximo ejemplo de espiritualidad completa.
- *Buscar a Dios desde el conocimiento de la propia personalidad y las experiencias humanas más profundas.* Para conocer a Dios es necesario conocerse a sí mismo.

2.4 Caminos cristianos para encontrarse con Dios

La Iglesia enseña que los anteriores caminos personales ayudan a conocer parcialmente a Dios. Y propone los caminos cristianos (revelados por Dios) para conocerlo de forma completa, y así poder satisfacer el deseo de Dios que existe en la persona. Algunos son:

¿Sabías que...?

El deseo de Dios

«El deseo de Dios está inscrito en el corazón del hombre, porque el hombre ha sido creado por Dios y para Dios; y Dios no cesa de atraer al hombre hacia sí, y solo en Dios encontrará el hombre la verdad y la dicha que no cesa de buscar» (Catecismo de la Iglesia católica. 1997, nº 27).

«El "deseo de Dios" no ha desaparecido del todo y se asoma también hoy, de muchas maneras, al corazón del hombre. (...) El hombre es buscador del Absoluto, un buscador de pasos pequeños e inciertos. Y la experiencia del deseo, del "corazón inquieto" (...), es muy significativa. Esta atestigua que el hombre es, en lo profundo, un ser religioso». (Benedicto XVI: Audiencia general del 7 de noviembre de 2012).

- Reflexionar sobre la Biblia como la Palabra viva de Dios que me habla y me ayuda. Por ejemplo, leyéndola y practicando sus enseñanzas en la vida diaria. La Biblia enseña que Dios ama, busca y se da a conocer a las personas: «Yo amo a los que me aman, los que madrugan por mí me encuentran» (Prov 8, 17). «Buscarás allí al Señor, tu Dios, y lo encontrarás si lo buscas con todo tu corazón» (Dt 4, 29). Es la promesa que hace Jesús: «Pedid y se os dará, buscad y encontraréis, llamad y se os abrirá; porque todo el que pide recibe, quien busca encuentra y al que llama se le abre» (Mt 7, 7-8).
- Conocer y aceptar personalmente la revelación cristiana. Por ejemplo, creyendo las verdades de la fe cristiana del Credo.
- Participar en alguna actividad de la Iglesia. Por ejemplo, colaborando en una campaña de Caritas de una parroquia.
- Fortalecer la fe cristiana. Por ejemplo, encontrándose con Jesucristo, al comulgar en la Eucaristía del domingo.
- Practicar la oración cristiana. Por ejemplo, rezando el Padrenuestro y dialogando con Jesucristo como el mejor amigo.

Estatua del Cristo Redentor en Río de Janeiro (Brasil).

Comprende, piensa, investiga...

1 Lee cada apartado, copia en tu cuaderno y completa la frase:

a) La persona lleva en su interior un... y el mayor deseo para los cristianos es...

b) La dimensión religiosa y espiritual del ser humano le lleva a...

c) Tres caminos personales para conocer a Dios son...

d) Tres caminos cristianos para encontrarse con Dios son...

2 **Expresar.** Describe un deseo negativo, por el cual hoy muchas personas pierden su libertad y su salud. Y un deseo positivo, por el cual hoy la persona es más feliz y más solidaria con los más necesitados.

3 Busca en Internet el vídeo: «RMI Te busco». Observa sus imágenes, escucha la canción y escribe que te enseña para buscar a Dios. Después, explica tu enseñanza a la clase.

4 Realiza en la web de Anaya la actividad interactiva de esta unidad.

3 La Biblia y mis competencias: Valores y antivalores

La siguiente historia pertenece al Antiguo Testamento, al libro de los Jueces, que se redactó aproximadamente entre 1030-1010 a. C.

En aquella época, Israel vivía en guerra con los filisteos. Estaba formada por doce tribus que vivían en Canaán y era gobernada por los Jueces (héroes y gobernantes) porque no tenían rey (Jue 21, 25).

libro de los jueces

3.1 Historia de Sansón (Jue 13-16)

Sansón era un israelita que al nacer fue consagrado a Dios. De joven destacó por su valentía y por su gran fuerza física. Un día, le atacó un león en el desierto y Sansón lo desgarró con sus propias manos. Esta experiencia le hizo sentir que Dios estaba con él.

Más adelante, se enamoró de una mujer filistea, y a pesar de que sus padres estaban en contra, se casó con ella. Su esposa lo traicionó. Sansón, muy enfurecido, mató a treinta filisteos y quemó sus campos. Engañado, triste y humillado se marchó solo al desierto y vivió allí en una cueva.

Los israelitas, para evitar que los filisteos se vengaran de ellos a causa del mal causado por Sansón, lo buscaron y lo ataron para entregarlo a los filisteos. Pero él rompió las cuerdas y con la quijada de un asno mató a mil hombres. Después, experimentó las consecuencias de sus malos comportamientos: la soledad y el engaño. Y una vez sintió en su interior la fuerza del Espíritu de Dios.

Sansón derriba las columnas, óleo de finales del siglo XIX de James Tissot (Museo Judío, Nueva York).

Al poco tiempo, Sansón se enamoró de otra mujer filistea, Dalila. Los filisteos la convencieron, a cambio de dinero, para que descubriera de dónde le venía a Sansón su gran fuerza.

Dalila le preguntó y Sansón le contó que su fuerza estaba en su pelo. Por la noche, cuando Sansón dormía, Dalila le cortó el pelo. Enseguida, los filisteos le apresaron, le dejaron ciego y le torturaron. Pasó el tiempo y el pelo de Sansón volvió a crecer.

Un día, los filisteos prepararon una fiesta en honor de sus dioses y para divertirse llevaron a Sansón. Lo amarraron entre dos columnas. Él tiró con gran fuerza de las dos columnas y el templo se derrumbó sobre los que estaban allí. Y Sansón fue enterrado por su familia en Israel.

3.2 Quiénes son los protagonistas

- **Sansón.** Era hijo de Manoj, de la tribu de Dan. Fue el último de los Jueces de Israel y un nazireo (un judío que se consagraba a Dios: no se cortaba el pelo, no bebía vino...).
- **Los filisteos.** Eran un pueblo venido del mar, probablemente de la isla de Creta. Se establecieron en Palestina y sometieron a los israelitas hasta que el rey David (1000-962 a. C.) logró vencerles.

3.3 Para interpretar correctamente el relato

Sansón fue elegido Juez para dirigir a los israelitas en la guerra contra los filisteos y salvarlos del desorden en que vivían. Sansón representa a la persona impulsiva que se deja llevar por sus deseos, buenos y malos. Y como consecuencia, vive experiencias que le hacen feliz, le producen sufrimiento y le convierten en alguien solitario y desilusionado. Y al final de su vida reconoce sus fracasos y se reconcilia con Dios y consigo mismo.

3.4 Qué nos enseña para la vida diaria

El relato enseña a descubrir las consecuencias positivas y negativas que conlleva realizar buenos o malos deseos. A no cometer los mismos errores. A pedir buenos consejos antes de tomar decisiones o dejarnos llevar por los deseos destructivos. Y a confiar en Dios y descubrirle en las personas y acontecimientos de nuestra vida diaria.

Comprende, piensa, investiga...

1 **Ordenar.** Copia en tu cuaderno y ordena cronológicamente estos hechos de la vida de Sansón:

a) Los israelitas apresan y entregan a Sansón a los filisteos.
b) Datos del protagonista.
c) Derrumbó el templo de los filisteos.
d) Fue enterrado en Israel.
e) Mató a un león con sus manos.
f) Dalila le cortó el pelo.

2 ¿Qué buena enseñanza puedes extraer de la vida de Sansón?

3 En pareja, escribid el nombre de los personajes del relato y describid qué «deseo bueno y de vida» practican o qué «deseo malo y de muerte» realizan.

4 Busca en Internet el juego del ahorcado sobre los «Libros de la Biblia» y comprueba tu cultura bíblica.

Taller de inteligencias múltiples

Mi inteligencia espiritual

Autoconocimiento y espiritualidad

El conocimiento de uno mismo es necesario para descubrir los mejores deseos y encontrarse con Dios. El autoconocimiento desarrolla la espiritualidad y nos hace más feliz con Dios, con los demás, con uno mismo y con la creación.

Reflexiona y aplica a tu vida

1 **Explicar.** Elige una frase y explícasela a la clase:

a) «Dios, que eres siempre el mismo, conózcame a mí, conózcate a ti. (...) Y van los hombres a contemplar con admiración las alturas de los montes, y los oleajes imponentes del mar (...); y se olvidan de sí mismos, y no se maravillan de sí». San Agustín (354-430).

b) «Conócete a ti mismo». Aforismo griego.

c) «Entra en ti mismo y mira. Si no te encuentras bello, haz como el creador de una estatua a la que debe conferir hermosura, quitando por aquí, alisando por allá, haciendo más pura tal otra... Y así hasta que haya surgido de su obra un rostro bello. Haz lo mismo. (...) Nunca dejes de labrar tu estatua». Plotino (204-270).

2 Contesta de forma sincera y por escrito el siguiente cuestionario. Solo tú conocerás las respuestas. Al terminar, elige a un compañero o compañera de clase y dialogad sobre algunas preguntas.

Analízate y conócete mejor

Cuestionario de autoconocimiento

1. ¿Cuál es tu mayor deseo que te gustaría conseguir?
2. ¿Qué es lo primero que cambiarías en tu vida?
3. ¿Qué le gusta más a los demás de ti?
4. ¿Quién es la persona que más amas en este mundo?
5. ¿Cuál es tu mayor cualidad y tu mayor defecto?
6. ¿Qué haces para desarrollar tu espiritualidad y tu relación con Dios?
7. ¿Haces lo que quieres o haces lo que te dicen?
8. ¿Qué persona u objeto te llevarías a una isla desierta?
9. ¿Qué tiempo dedicas a la semana a estar en silencio y hablando contigo mismo?
10. ¿Qué es lo que sabes hacer mejor y diferente de los demás?
11. ¿Qué valoras y te gusta más de las personas?
12. ¿Qué haces para conocerte mejor, cambiar y mejorar tu forma de ser?
13. ¿En qué momento de tu vida te has sentido más vivo y feliz?

3 Evaluad la actividad: ¿Para qué os ha servido? ¿Qué ha sido más positivo y negativo?

Mi inteligencia emocional

El sentimiento de llorar

El sentimiento de llorar consiste en derramar lágrimas por una emoción de compasión, comprensión, protección o ternura. Llorar sinceramente acerca a Dios, a los demás y a nosotros mismos. La siguiente canción expresa este sentimiento por un hermano.

Prepara el disco-fórum

1 Lee y contesta: ¿Qué te enseña?

«Al mundo de hoy le falta llorar. Lloran los marginados, lloran aquellos que son dejados de lado, lloran los despreciados, pero aquellos que llevamos una vida más o menos sin necesidades no sabemos llorar. (...) ¿Yo aprendí a llorar? ¿Cuando veo un niño con hambre, un niño drogado en la calle, un niño que no tiene casa, un niño abandonado, un niño abusado, un niño usado como esclavo por la sociedad? ¿O mi llanto es el llanto caprichoso de aquel que llora porque le gustaría tener algo más? (...)

Jesús en el evangelio lloró, lloró por el amigo muerto. Lloró en su corazón por esa familia que había perdido a su hija. Lloró en su corazón cuando vio a esa pobre madre viuda que llevaba a enterar a su hijo. (...) Si no aprendes a llorar no sois un buen cristiano. (...) Sean valientes, no tengan miedo de llorar». (Papa Francisco: Manila 18 de enero de 2015).

2 Escucha atentamente la canción sin mirar la letra. Busca en Internet el vídeo de Paula Rojo «Solo tú».

3 Vuelve a escuchar la canción leyendo su letra y contesta en tu cuaderno las preguntas:

a) ¿Qué sentimiento te produce esta canción?
b) ¿Qué cuenta la canción?
c) ¿Qué frase de la letra te gusta más? ¿Por qué?
d) ¿Qué te enseña esta canción?
e) ¿En qué se parecen y diferencian el texto del Papa y el de la canción?

Canción «Solo tú», de Paula Rojo

Me preguntaba cómo sería besarte,
cómo sería llamarte, cómo sería llevarte
de la mano a nuestro parque.
Y me preguntaba si jugarías al fútbol como él,
si te parecerías a mí,
y si ella te cedería su dulzura también.

Ahora lo sé. Solo pregunto el porqué,
cómo en apenas segundos,
cuando te vi la cara, te comencé a querer.

Y solo tú... Haces que llore riendo,
haces que ría llorando,
y me pregunto cómo algo
tan pequeño puede invadir
la caja de mis recuerdos,
los que ya apenas recuerdo.
Si tú no estás en ellos... Solo tú.

Y después de un tiempo,
ya pronunciabas mi nombre.
Yo a todos se lo contaba,
para mí era importante.
Y también, me encanta dormir contigo.
Y que a mitad de la noche, sean las 3 o las 5,
busques siempre en mí cobijo.

Participa en el debate

4 Dialoga en clase con las preguntas anteriores y las siguientes:

a) ¿Para qué te ha servido esta actividad?
b) ¿Qué has aprendido sobre el sentimiento de llorar?

El valor de la fe en Dios

El valor de la fe en Dios consiste en buscarle, dialogar con Él, encontrarle en la creación y las circunstancias de la vida diaria, y confiar en su ayuda. La siguiente película es un ejemplo de búsqueda y relación personal con Dios.

Prepara el cine-fórum

1 Lee la ficha de la película, elige y explica a la clase una frase del protagonista de la película:

La vida de Pi

Director: Ang Lee.

Actores: Suraj Sharma, Irrfan. Khan, Rafe Spall, Tabu, Adril Hussain, Shravanthi Sainath, Ayush Tandon, Vibish Sivakumar, Gérard Depardieu.

Año: 2012. Ganadora de 4 óscar.

Argumento: Pi Pattel, un joven hindú queda como único superviviente de un naufragio y sobrevive en el mar 227 días, junto a un tigre de bengala. Los valores de la fe y la esperanza le dan fuerzas para sobrevivir.

Frases y oraciones de *Pi Pattel*

a) La fe es una casa con muchas habitaciones y la duda fortalece la fe.

b) Cada persona debe descubrir a Dios.

c) Los caminos del Señor son inescrutables y volvió a presentarse ante mí, esta vez, con el nombre de Alá.

d) Gracias, Visnú, por presentarme a Cristo.

e) Alcancé la fe a través del hinduismo y encontré el amor de Dios a través de Cristo.

f) Hágase tu voluntad. Me entrego a Ti. Muéstrame que va a pasar. Te lo ruego.

g) Dios ha venido. Es un milagro. Sal y verás a Dios. Dios me rindo. Qué más quieres de mí. Gracias Dios por haberme dado la vida. Estoy en la mejilla de Dios.

h) Cuando parecía que Dios me había abandonado, Él velaba por mí. Aunque se mostrara indiferente a mi sufrimiento, velaba por mí. Y cuando perdí toda esperanza, me ofreció descanso y me envió una señal para proseguir mi viaje.

i) Que Dios sea contigo.

Participa en el cine-fórum

2 Visiona la película y contesta por escrito las siguientes preguntas:

1. ¿Qué religiones aparecen en la película?
2. ¿Qué hace Pi para descubrir y relacionarse con Dios?
3. ¿Cómo conoce Pi a Cristo?
4. ¿Qué le dice el sacerdote a Pi sobre Dios y Cristo?
5. ¿Qué valores y comportamientos de Pi le ayudan a sobrevivir?
6. ¿Qué frase de la película te gusta más?
7. ¿Qué escena te gusta o impresiona más?
8. ¿Qué buena enseñanza para ti extraes de la película?
9. ¿Qué te enseña la película para buscar a Dios y tener fe en Él?

3 Lee tus respuestas escritas y participa en el debate de clase sobre la película.

He aprendido

Sobre el deseo de encontrar a Dios

1 **Identificar.** Lee cada frase y escribe en tu cuaderno la letra correspondiente y la palabra que falta.

1. El ser a) ... es un ser limitado, y a la vez, un ser trascendente porque busca y desea lo infinito y la b) ... total.
2. La persona es un ser espiritual y c) ... que busca a d) ... para encontrar la completa felicidad y plenitud que necesita.
3. Las oraciones, cultos, mitos y arte religioso expresan el deseo de e) ... en la historia de la humanidad.
4. La persona lleva en su interior un misterioso deseo de Dios que la convierte en un ser f) ... y religioso.
5. La g) ... puede encontrarse con Dios por sí h) ..., por su inteligencia, vida interior y experiencias más profundas.
6. Un camino cristiano para encontrarse con Dios es reflexionar sobre la i) como la Palabra viva de j) ....
7. Aceptar personalmente la k) ... cristiana es un camino cristiano de encuentro con Dios.
8. Participar en alguna actividad de la Iglesia acerca a l) ... .
9. La fe cristiana se fortalece encontrándose con ll) ..., al comulgar en la Eucaristía del domingo.
10. Rezar el m) ... y dialogar con Jesucristo como el mejor amigo son caminos n) ... que llevan a Dios.

Sobre el relato bíblico

2 ¿Cuál es el argumento de la vida de Sansón?

3 ¿Qué enseña la vida de Sansón sobre los buenos y malos deseos?

Sobre el valor de la fe en Dios

4 Escribe una lista de cinco valores y buenos comportamientos que practican las personas con fe en Dios. Ayúdate de la película *La vida de Pi.*

5 Imagínate que eres Pi Pattel y vives su experiencia: ¿Qué le habrías pedido? ¿Por qué le darías las gracias? Ayúdate de sus palabras:

«Dios ha venido. Es un milagro. Sal y verás a Dios. Dios me rindo. Que más quieres de mí. Gracias Dios por haberme dado la vida. Estoy en la mejilla de Dios».

Realiza en la web de Anaya la autoevaluación de esta unidad.

2

El sentido cristiano de la vida

Comenzamos

El sentido religioso de la vida humana

El ser humano necesita encontrar motivos para dar un sentido a su vida y así poder ser feliz. Pero es en las experiencias más profundas (el amor, la belleza, la enfermedad, la muerte, el dolor, etc.) cuando más se plantea esta necesidad y búsqueda del sentido de su vida.

Actualmente aumentan las personas que no encuentran sentido a su vida personal y diaria. Y a consecuencia de este vacío interior, se suicidan; sufren enfermedades mentales como la depresión; caen en las drogas y el alcoholismo, etc. Estas respuestas ante la búsqueda de sentido son negativas porque aumentan el sinsentido y destruyen a la persona.

Por el contrario, otras respuestas son positivas porque dan a la persona un gran sentido de la vida y una mejor salud física y mental. Un ejemplo muy importante son las respuestas que dan las religiones monoteístas, especialmente el cristianismo. Por ello, es importante conocer qué aportan las religiones monoteístas a esta gran necesidad y búsqueda humana.

- ¿En qué experiencias nos planteamos más la necesidad y búsqueda del sentido de nuestra vida?
- ¿Qué sentido tiene la vida para los personajes de esta imagen?

El sentido cristiano de la vida

- El sentido de la vida para Kike Figaredo.
- El relato bíblico «Jesús de Nazaret y Zaqueo».
- La jerarquía de valores en la vida de la persona.

Reflexionamos

Para situarnos

- **Aumentan los suicidios.** «El 10 de septiembre, Día Mundial para la Prevención del Suicidio, se fomentan en todo el mundo compromisos y medidas prácticas para prevenir los suicidios. Cada día hay en promedio casi 3 000 personas que ponen fin a su vida, y al menos 20 personas intentan suicidarse por cada una que lo consigue. En los últimos 45 años, la tasa mundial de suicidios ha aumentado un 60%. Cada año, alrededor de un millón de personas muere por suicidio».

  (http://www.cinu.mx/eventos/observancia/dia-mundial-para-la-prevencion-1/)

- **Aumentan las enfermedades mentales.** La Organización Mundial de la Salud (OMS) indica los siguientes datos: «Los desórdenes mentales y neurológicos afectan en el mundo a unos 700 millones de personas, la mayoría de las cuales no cuentan con la atención psicosanitaria adecuada. (...) Las enfermedades mentales y neurológicas representan el 13% del total de las dolencias mundiales. (...) 350 millones de personas en el mundo padecen depresión; 90 millones conviven con un desorden de abuso de sustancias; 50 millones padecen epilepsia; y 35,6 millones sufren alzheimer». (*El Mundo. Suplemento Salud,* 20 de mayo de 2013).

- **Consumo de drogas.** Datos del Observatorio Europeo de Drogas y Toxicomanías (OEDT): «Los españoles se mantienen entre los mayores consumidores de dos de las drogas más populares en la Unión Europea, aunque son superados en cocaína por los británicos y en cannabis por los daneses y los franceses. (...) Hachís, un 27% de los adultos españoles consumen esa droga alguna vez a lo largo de su vida. (...) De los 15 a los 34 años, el consumo de esa sustancia se registra en un 17%».

  (http://www.heraldo.es / 28 de mayo de 2013).

- **La logoterapia.** La logoterapia es una terapia para curar a las personas que sufren un vacío existencial. Este tratamiento psicológico ofrece al paciente motivos, ilusiones y tareas por las cuales recobrar las ganas de vivir. A esta terapia acuden cada vez más personas para descubrir el sentido diario y último de su vida.
  (Más información en: http://www.logoterapia.net/).

Dialogamos

1. ¿Qué aspecto o hecho te llama más la atención? ¿Por qué crees que se produce?
2. ¿Cuál es para ti el principal motivo por el que vivir? ¿Por qué?
3. ¿Qué persona, valor, objeto o experiencia te puede ayudar más a encontrar el verdadero sentido a la vida para ser feliz y salvarte?
4. ¿En qué encuentra la persona religiosa el sentido a su vida? ¿Y el cristiano?

1 Experiencias humanas y cristianas

Hoy día, crece el número de personas que no saben contestarse a sí mismas: ¿quién soy yo? ¿De dónde vengo? ¿Adónde voy? ¿Por qué tengo que morir? ¿Qué habrá después de la muerte? ¿Qué debo hacer para ser más feliz? ¿Para qué vivir?... No encuentran sentido a su vida. Por ello, aumentan la desilusión, el conformismo, el pesimismo, la depresión...

Para superar este problema, muchas personas recurren a falsas soluciones: las drogas, los antidepresivos, el consumismo, el sexo sin amor... Por el contrario, el siguiente testimonio muestra los caminos que ofrece la Iglesia para encontrar el verdadero sentido a la vida: la fe en Dios, la solidaridad con los discapacitados, la oración...

1.1 El sentido de la vida de Kike Figaredo

Enrique Figaredo Alvargonzález nació en Somió (Gijón), en 1959. Perteneciente a una familia de empresarios, estudió para economista. Sin embargo, no encontraba en esas actividades el sentido de su vida. Así nos cuenta cómo descubrió a Dios y a qué dedicar su vida:

«Asegura que se lo dijo el mismo Dios. Estaba en un encuentro de jóvenes cristianos en Francia, porque el mundo de la empresa y la economía, para el que se había formado, le dejaba "seco". Mientras meditaba, sintió la llamada de Dios. "Dios me dijo: Kike no te compliques; mi presencia está en la gente; mi rostro es el rostro de la gente. Búscame ahí".

¿Sabías que...?

¿Qué es el sentido de la vida?

El sentido de la vida es la principal meta, tarea, vocación, creencias y valores por los cuales vive la persona. El verdadero sentido a la vida se descubre en personas ejemplares, se fortalece en las actividades cotidianas, y se concreta en un buen proyecto de vida, como el de Kike Figaredo.

El papa Francisco besando a un niño discapacitado al final de la audiencia semanal celebrada en la plaza de San Pedro del Vaticano, el 19 de junio de 2013.

»"Lo sentí con muchísima fuerza. Salí de esa oración con una percepción diferente del mundo. Viendo a Dios de una manera evidente... para mis ojos. La vida adquirió una nueva perspectiva, como cuando estás enamorado"». (*El País,* 30 de mayo de 2013).

A partir de esta experiencia, se ordenó como sacerdote católico de la Compañía de Jesús. Después, trabajó como misionero en Tailandia (Asia). En el año 2000 fue nombrado obispo de Camboya (Asia). Desde entonces, realiza una gran labor humanitaria con los mutilados que provocan las minas antipersonas. Por ello, se le conoce popularmente como «el obispo de las sillas de ruedas».

El sentido de su vida consiste en ser un buen obispo y en ayudar a los discapacitados. Por ello, celebra los sacramentos, reza y enseña el mensaje de Jesús. Colabora con la Campaña Internacional para la Prohibición de las Minas Antipersona, que recibió el Premio Nobel de la Paz y recauda fondos para ayudar a estas víctimas.

En 1991 fundó «La Casa de la Paloma», donde se educa a estos niños a superar sus discapacidades y a aprender en los talleres a construir sillas de ruedas siguiendo el modelo Mekong (silla de ruedas fabricada con madera y que tiene tres ruedas).

Un ejemplo real es la historia de Mao, una niña que quería ser bailarina, pero una mina antipersona destruyó su pierna.

Y al verse así, perdió el sentido de su vida y le dijo a Dios llorando: «Señor, te había regalado mi vida. Había decidido bailar para ti. ¿Por qué me has hecho esto? Tú me has robado la pierna».

Sin embargo, Mao, gracias a la fe y a la ayuda del obispo, volvió a encontrar el sentido de su vida sin tener que renunciar a la danza. Kike rezó por ella. La animó. Le regaló una silla de ruedas y una pierna ortopédica. La invitó a bailar en el grupo de música y danza que ha formado, con discapacitados y no discapacitados. Y ahora, Mao va de gira con este grupo y baila por diferentes partes del mundo.

(http://www.religionenlibertad.com/
24 de septiembre de 2013. Adaptación).

¿Sabías que...?

Dios da sentido a la vida

«Quien siembra el amor en nuestro corazón es Dios. El amor de Dios es el que da sentido a los pequeños compromisos cotidianos y también ayuda a afrontar las grandes pruebas. (...) El amor de Dios tiene un nombre y un rostro: Jesucristo. ¡Jesús! El amor de Dios se manifiesta en Jesús. (...) Es un amor que da valor y belleza a todo el resto. Es un amor que da fuerza a la familia, al trabajo, al estudio, a la amistad, al arte, a toda actividad humana. Y también da sentido a las experiencias negativas». (Papa Francisco: Ángelus, 11 agosto 2013).

Comprende, piensa, investiga...

1 **Diferenciar.** ¿Por qué hoy muchas personas no encuentran sentido ni motivos positivos para vivir?

2 ¿En qué comportamientos de Kike Figaredo se observa el sentido que le da a su vida?

3 ¿Para qué le sirve a la persona vivir en su corazón el amor de Dios y de Jesús? ¿Qué te enseña este testimonio para descubrir el verdadero sentido de tu vida?

4 Imagínate que tu mejor amigo está triste porque no encuentra motivos para vivir. Escríbele un mensaje para ayudarle: ¿qué buen consejo le darías para que encuentre un verdadero sentido a su vida?

5 **Definir.** En pareja, visitad cada web y contestad a las preguntas:

- SAUCE-ONG de Kike Figaredo.

a) ¿Qué apartado te llama más la atención?

b) ¿Qué podéis hacer para colaborar? ¿Qué podría hacer vuestra clase?

- Vídeo «El Milagro de Mao»

c) ¿Qué sentimientos os despierta el vídeo?

d) ¿Qué os enseña para valorar más vuestra vida?

6 Realiza en la web de Anaya la actividad del apartado «Comenzamos a reflexionar» de esta unidad.

2 El sentido de la vida para las religiones monoteístas

Las respuestas religiosas y no religiosas aportan datos a las preguntas sobre el sentido de la vida. Para las personas religiosas, Dios es el origen, la razón de todo cuanto existe y la respuesta a las cuestiones más profundas. Por ello, las religiones monoteístas ofrecen explicaciones sobre el sentido último de la vida humana.

2.1 El sentido último de la vida

Cada religión ofrece una visión positiva de la muerte y de las experiencias más dolorosas: la vida continúa después de la muerte. También enseña valores y comportamientos que dan un gran sentido a la vida, y, con ello, una mejor salud física y mental.

Estas aportaciones constituyen el sentido último o la explicación definitiva que da la persona religiosa al misterio de la vida: somos seres creados por Dios, que procedemos de Él y vamos hacia Él.

2.2 Respuestas de las religiones monoteístas

Judíos, cristianos y musulmanes encuentran el sentido a su vida participando en el proyecto de felicidad completa que Dios tiene para cada persona. Por el gran amor que siente por cada hombre y mujer, Dios les ha creado, se les ha revelado y les ha ofrecido la salvación. Cada religión monoteísta (judaísmo, cristianismo e islamismo) propone un camino para encontrar la salvación y el sentido último de la vida.

¿Sabías que...?

Dios se revela y da sentido a la vida

«Por amor, Dios se ha revelado y se ha entregado al hombre. De este modo da una respuesta definitiva y sobreabundante a las cuestiones que el hombre se plantea sobre el sentido y la finalidad de su vida». (Catecismo de la Iglesia católica. 1997, nº 68).

Participantes católicos en la concentración de apoyo a la familia tradicional celebrada en Madrid, el 30 de diciembre de 2012.

El sentido diario y último de la vida para el judío consiste en:

- Practicar su fe en un solo Dios, Creador del universo.
- Estudiar y creer en la Biblia judía, especialmente en la Torá —los cinco primeros libros de la Biblia—, como la Palabra de Dios y la revelación de su voluntad a Israel, su pueblo elegido.
- Cumplir los mandamientos bíblicos que enseñan a comportarse bien con Dios, con los demás y consigo mismo.

El sentido diario y último de la vida para el cristiano consiste en:

- Profesar, celebrar y practicar su fe en el Dios Trino (Dios Padre, Hijo y Espíritu Santo); en la resurrección y en la vida eterna con Dios en el Cielo, que comienza aquí en la tierra.
- Participar en los sacramentos; rezar y practicar la moral cristiana, especialmente, el Mandamiento del Amor (amar a Dios, a los demás y a uno mismo).
- Seguir a Jesús de Nazaret como el principal modelo para encontrar el sentido de la vida. Su ejemplo ayuda al cristiano a practicar la moral cristiana en su vida personal y social. Jesucristo es el camino para amar a Dios y vivir eternamente con Él en completa felicidad.

El sentido diario y último de la vida para el musulmán consiste en:

- Creer en su Dios (Alá) y vivir de acuerdo con la revelación divina y la palabra de su profeta Mahoma. El Corán, el libro sagrado del Islam, enseña las obligaciones con Alá y con los demás.
- Practicar las cinco columnas del Islam: la profesión de fe, las oraciones, el ayuno en el mes del Ramadán, la limosna y la peregrinación a La Meca.

La fe y las buenas obras realizadas conforme a la voluntad de Alá son el único camino para alcanzar la felicidad completa y eterna, que vivirán en el paraíso quienes se salven después de la muerte.

¿Sabías que...?

Novedad y originalidad del cristianismo

La Iglesia católica respeta y colabora con las demás religiones: «La Iglesia aprecia todo lo bueno y verdadero que puede encontrarse en las diversas religiones». (Catecismo de la Iglesia Católica, 1997, nº 843). Pero esto no significa creer que todas las religiones son iguales. En el Credo que profesan los cristianos se expresa lo más original del cristianismo en comparación con las otras religiones:

Credo de los Apóstoles

Creo en Dios, Padre Todopoderoso, / Creador del cielo y de la tierra. / Creo en Jesucristo su único Hijo Nuestro Señor, / que fue concebido por obra y gracia del Espíritu Santo. / Nació de Santa María Virgen, / padeció bajo el poder de Poncio Pilato, / fue crucificado, muerto y sepultado, descendió a los infiernos, / al tercer día resucitó de entre los muertos, / subió a los cielos y está sentado a la derecha de Dios Padre, todopoderoso. / Desde allí va a venir a juzgar a vivos y muertos. / Creo en el Espíritu Santo, la Santa Iglesia católica / la comunión de los santos, el perdón de los pecados, / la resurrección de la carne y la vida eterna. Amén.

Comprende, piensa, investiga...

1 En pareja, realizad las siguientes actividades:

a) Resumid la introducción en una frase.

b) ¿Cuál es el sentido último de la vida para las religiones?

c) ¿Qué proyecto tiene Dios para las personas según las religiones monoteístas?

d) Completad el recuadro en vuestro cuaderno:

El sentido diario y último de la vida		
para	para	para
el judaísmo	**el cristianismo**	**el islamismo**
consiste en	consiste en	consiste en
(...)	(...)	(...)

2 ¿Qué es lo original del cristianismo en comparación con el judaísmo y el islamismo?

3 Selecciona la imagen de este libro que mejor representa para ti el sentido que tiene la vida para los cristianos. Di a la clase la página donde se encuentra y explícales el motivo de tu elección.

4 Busca en Internet el vídeo «Atrévete a tocar el cielo», analízalo y contesta:

a) ¿Hay que atreverse para «tocar el cielo» y, así, encontrar el verdadero sentido de la vida?

b) ¿Qué te enseña el vídeo para tu vida actual?

5 Realiza en la web de Anaya la actividad interactiva de esta unidad.

3 Aprendo de la Biblia: Cambia tu vida

El siguiente relato se encuentra en el Nuevo Testamento, en el Evangelio de San Lucas, redactado entre los años 55-60 d. C.

En el país de Jesús, los publicanos eran judíos que el Imperio romano contrataba para cobrar sus impuestos. Su sentido de la vida consistía en ganar dinero: engañaban a sus compatriotas, aumentando los impuestos para quedárselos. Por ello, eran odiados y vistos como unos traidores y «pecadores». (Mt 9, 10).

3.1 Jesús de Nazaret y Zaqueo (Lc 19, 1-10)

«Entró en Jericó e iba atravesando la ciudad. En esto, un hombre llamado Zaqueo, jefe de publicanos y rico, trataba de ver quién era Jesús, pero no lo lograba a causa del gentío, porque era pequeño de estatura. Corriendo más adelante, se subió a un sicomoro para verlo, porque tenía que pasar por allí. Jesús, al llegar a aquel sitio, levantó los ojos y le dijo: "Zaqueo, date prisa y baja, porque es necesario que hoy me quede en tu casa". Él se dio prisa en bajar y lo recibió muy contento. Al ver esto, todos murmuraban diciendo: "Ha entrado a hospedarse en casa de un pecador".

Miniatura gótica del siglo XIII perteneciente a la Biblia de San Luis en la que se representa a Zaqueo subido a un árbol (Catedral Biblioteca, Toledo).

»Pero Zaqueo, de pie, dijo al Señor: "Mira, Señor, la mitad de mis bienes se la doy a los pobres; y si he defraudado a alguno, le restituyo yo cuatro veces más".

»Jesús le dijo: "Hoy ha sido la salvación de esta casa, pues también este es hijo de Abrahán. Porque el Hijo del hombre ha venido a buscar y a salvar lo que estaba perdido"».

3.2 Quiénes son los personajes

- **Jesús de Nazaret.** Él se acerca a Zaqueo y le pide ir a su casa. Allí, sin pedirle nada a cambio, le hace descubrir un nuevo sentido a su vida. Así muestra que Jesús no excluye a nadie: conoce el interior de la persona, más allá de los prejuicios y estereotipos. Y se revela como el Hijo de Dios, salvador de los pecadores y de los rechazados por la sociedad.
- **Zaqueo.** Simboliza a la persona insatisfecha que busca dar un verdadero sentido a su vida. Era jefe de publicanos y un hombre rico, que a pesar de su poder y su riqueza, no era feliz. Esta situación le lleva a conocer a Jesús y a superar las dificultades que le supuso su decisión.

3.3 Para interpretar correctamente el relato

Jesús y Zaqueo representan dos formas diferentes de entender la vida, la felicidad y la salvación. Para Jesús, consiste en ser hijo de Dios, practicando el Mandamiento del Amor y las Bienaventuranzas. Y para Zaqueo, en ser avaricioso y acumular dinero.

Después de acoger a Jesús, en Zaqueo se produce una conversión. Entonces, descubre un nuevo sentido a su vida, que se concreta en creer en Jesús y repartir parte de sus riquezas entre los pobres.

3.4 Qué nos enseña para la vida diaria

El relato enseña la importancia de encontrarse con Jesús: cambia a la persona; da un sentido último a su vida, y le ayuda a alcanzar la salvación (vivir eternamente en completa felicidad con Dios). Además, a valorar a las personas que nos descubren un nuevo sentido de la vida, más humano y liberador; a confiar en que toda persona puede cambiar, y a no clasificar a los demás por su grupo, pasado o apariencia.

¿Sabías que...?

Jesús da sentido de la vida

«El Señor Jesús está siempre con nosotros y camina siempre con su Iglesia, la acompaña y la custodia. ¡No dudéis jamás de su presencia! (...) Siguiendo a Jesús se encuentra el verdadero sentido de la vida y por ello el gozo verdadero y duradero. Buscad siempre al Señor Jesús, creced en amistad con Él, aprended a escuchar y a conocer su palabra y a reconocerle en los pobres presentes en vuestras comunidades». (Benedicto XVI, Papa desde 2005 a 2013: Vaticano, 21 de diciembre de 2005).

Comprende, piensa, investiga...

1 **Explicar.** Lee cada apartado y contesta a las preguntas:

a) ¿Quién era Zaqueo? ¿Qué hizo para encontrarse con Jesús?
b) ¿Qué hace Jesús por Zaqueo?
c) ¿Qué murmuró la gente?
d) ¿Qué hizo Zaqueo después de convertirse a Jesús?
e) ¿Qué enseñanza has descubierto para aplicar a tu vida?

2 **Diferenciar.** Escribe una lista de cinco valores y buenos comportamientos de una persona que quiere cambiar su vida para mejor. Y otra lista de cinco antivalores y malos comportamientos de una persona egoísta y pesimista que no quiere cambiar de vida.

3 Busca en Internet un crucigrama sobre la vida de Jesús y comprueba tu cultura bíblica.

Mi inteligencia espiritual

La Biblia enseña espiritualidad y sentido a la vida

La Biblia contiene multitud de refranes, consejos y valores para vivir la vida con mayor sentido y felicidad. Un ejemplo es el siguiente texto, que pertenece al Eclesiástico, un libro de buenas enseñanzas.

Reflexiona y elige los mejores consejos

1 Elige un consejo y explica el motivo de tu elección:

«Cuida de ti mismo y presenta dignamente tus ofrendas al Señor. (...) Antes de morir, haz el bien a tu amigo, según tus posibilidades, sé generoso con él. No te prives de pasar un día feliz, no dejes escapar un deseo legítimo. (...) Da y recibe, disfruta de la vida. (...) Antes de hablar, infórmate, y antes de caer enfermo, cuídate. Antes del juicio, examínate a ti mismo». (Eclo 14, 11; 13-14; 16 y 18, 19-20).

Investiga y expresa tu creatividad

2 Busca cada cita en una Biblia impresa u online y contesta a la pregunta de cada cita bíblica: http://www.vatican.va/archive/bible/index_sp.htm

Deut 11, 1: ¿Qué es necesario para encontrar el sentido último de la vida?

Deut 17, 19: ¿Qué hay que hacer con la Biblia para vivir mejor?

Bar 3, 13: ¿Qué camino hay que seguir para vivir eternamente?

Prov 21, 21: ¿Qué dos valores dan más sentido a la vida humana?

Eclo 6, 16: ¿Qué tipo de relación es importante para vivir feliz?

Mt 25, 43-46: ¿Adónde irán las personas justas?

Jn 3, 16: ¿Qué es necesario para vivir eternamente con Dios?

Mt 22, 37-39: ¿Qué tres tipos de amor propone el Mandamiento del Amor para encontrar el sentido cotidiano y último de la existencia?

3 Realiza una tarjeta con un buen consejo para desarrollar tu espiritualidad y vivir más feliz. Puede ser una frase original tuya o una frase bíblica.

4 Presenta a la clase tu tarjeta y explica: ¿Para qué te ha servido esta actividad?

Perdonar y reconocer los pecados es una virtud cristiana.

Mi inteligencia emocional

El sentimiento de experimentar la Providencia

Este sentimiento cristiano consiste en vivenciar la presencia de Dios en las personas más cercanas y en los acontecimientos cotidianos. Y descubrir en ellos el plan de felicidad y sentido a la vida que Él tiene para cada persona.

Prepara el cine-fórum

1 Lee la ficha de la película y contesta:

Maktub

Dirección y guion: Paco Arango.

Actores: Diego Peretti (Manolo), Aitana Sánchez-Gijón (Beatriz), Goya Toledo (Mari Luz), Andoni Hernández San José (Antonio), Rosa María Sardà (Guadalupe), Amparo Baró (Merche), Mariví Bilbao (Puri), Enrique Villén (Raimundo), Jorge García (Carlos).

País: España. Año: 2011.

Argumento: Manolo, Beatriz, sus dos hijos, un vecino... descubren el sentido a sus vidas, al encontrarse con Antonio, un adolescente de 15 años que padece cáncer. La fe de Antonio en la Providencia de Dios y unas casualidades y fenómenos extraños, logran el cambio de vida en estos personajes. La película está basada en una persona real, Antonio González, un adolescente canario de 15 años, que falleció después de luchar varios años contra la leucemia.

Frases de la película

- Diálogo entre Antonio y Manolo: «¿Cómo andamos de fe?» «Antes creía pero ahora no». «Yo al revés, antes nada y ahora no tengo duda. Lo de arriba es un paraíso y ahí voy, derechito. Sin pasar por la cárcel. Mi madre se quedará aquí sola, y como tú, no cree en nada. Va a pensar que no existo».
- Antonio a Elena: «Te voy a contar un secreto. Estoy aquí en una misión secreta. Mi jefe es Dios y me mandó a la tierra a ayudar. Pero tenía que enfermarme, era parte del trato».

La Providencia de Dios

La palabra «Maktub» procede del árabe y significa «lo que está escrito». Los cristianos emplean la palabra Providencia.

«De un modo misterioso, Dios conduce todo por caminos que solo Él conoce, hacia su consumación. En ningún momento deja de su mano aquello que ha creado». (YOUCAT, Catecismo joven de la Iglesia católica. 2011, nº 49).

Participa en el cine-fórum

2 Visiona la película y contesta por escrito en tu cuaderno las siguientes preguntas:

1. ¿Qué sentidos daban a sus vidas los personajes antes de conocer a Antonio?
2. ¿Cuál es el secreto de Antonio para dar un sentido último a su enfermedad y a su vida?
3. ¿En qué casualidades y fenómenos misteriosos se observa cómo actúa la Providencia de Dios?
4. ¿Qué lugares, personas y símbolos cristianos aparecen en la película?
5. ¿Qué misión relacionada con su fe tiene Antonio?
6. ¿A qué ayudó la fe y la misión de Antonio a los personajes de la película?
7. ¿Qué escena o frase de la película te gusta más?
8. ¿Qué buena enseñanza extraes de la película para dar más sentido a tu vida?
9. ¿Qué te enseña la película sobre la Providencia de Dios?

3 Lee tus respuestas y participa en el debate de clase sobre la película.

Mis valores humanos y cristianos

emprender aprender

Valores que dan sentido a la vida

Existen diferentes tipos de valores: sociales, artísticos, intelectuales, deportivos, religiosos, morales, económicos, afectivos, etc. Ante esta diversidad, cada persona elige y jerarquiza sus valores o antivalores. Para descubrir el sentido cotidiano y último de la vida es necesario tener una buena jerarquía de valores (de mayor a menor importancia).

Reflexiona y jerarquiza valores

Realiza estas tareas y ordena la importancia que das a los valores siguientes: amor, libertad, fe, fama, dinero y trabajo.

1 Copia y completa en tu cuaderno. Escribe en los paréntesis la inicial de la persona que más amas y de la persona de fe famosa a la que desearías parecerte:

1. **Amor:** amar a (¿...?) y ser amado por (¿...?).
2. **Libertad:** tener plena libertad en mi familia y en la sociedad.
3. **Fe:** poseer la fe total en Dios, en los demás y en mí mismo de (¿...?).
4. **Fama:** poseer la gran fama y popularidad de (¿...?).
5. **Dinero:** me tocan 100 millones de euros en la lotería.
6. **Trabajo:** tener el trabajo que más me gusta con un sueldo que me permita vivir dignamente.

2 Imagínate que debes elegir entre los seis valores anteriores. Selecciona de cada pareja de valores, la que tiene más importancia para ti actualmente:

1 ❑ 2 =	1 ❑ 5 =	2 ❑ 4 =	3 ❑ 4 =	4 ❑ 5 =
1 ❑ 3 =	1 ❑ 6 =	2 ❑ 5 =	3 ❑ 5 =	4 ❑ 6 =
1 ❑ 4 =	2 ❑ 3 =	2 ❑ 6 =	3 ❑ 6 =	5 ❑ 6 =

3 Elabora con los resultados tu actual jerarquía de valores. Ten en cuenta que los números más repetidos expresan los valores más importantes para ti. También, puedes añadir dos valores que sean fundamentales en tu vida diaria.

4 **Investigar.** Contesta a las siguientes preguntas:

- ¿Qué pro y contra tiene cada una de tus elecciones?
- ¿Crees que serás feliz con los valores elegidos?
- ¿Te ayudarán a encontrar el verdadero y último sentido de tu vida? ¿Por qué?

¿Para qué te ha servido esta actividad?

5 Si lo deseas, al final de la clase, puedes comunicar alguna de tus respuestas o conclusiones.

He aprendido

Sobre el sentido cristiano de la vida

1 Completa en tu cuaderno cada afirmación de la columna izquierda con su correspondiente mitad de la columna derecha. Debes formar ocho parejas de números y letras.

1. Dios es el origen, la explicación de todo cuanto existe y...	A) ... profesar, celebrar y practicar su fe en el Dios Trino.
2. Las religiones monoteístas ofrecen respuestas sobre...	B) ... la respuesta a las preguntas más profundas.
3. El sentido de la vida para judíos, cristianos y musulmanes es...	C) ... creer en Alá y vivir de acuerdo con el Corán.
4. El sentido diario y último de la vida para el judío consiste en...	D) ... participar en el proyecto de felicidad que Dios tiene para cada persona.
5. El cristiano encuentra el sentido de la vida en...	E) ... descubrir el significado más profundo que tiene la vida humana.
6. Jesús de Nazaret es para los cristianos el principal...	F) ... el sentido último de la vida humana.
7. El sentido diario y último de la vida para el musulmán consiste en...	G) ... modelo de vida para encontrar el sentido cotidiano y último de su existencia.
8. Los sacramentos y la oración ayudan a los cristianos a...	H) ... practicar su fe en un solo Dios y creer en la Torá.

Sobre el relato bíblico

2 Resume el argumento del relato «Jesús de Nazaret y Zaqueo».

3 Escribe qué hace una persona que cambia y se convierte a Jesús:

¿Cuáles serán sus dos valores más importantes?

¿Qué dos buenos comportamientos realizará?

Sobre los valores que dan sentido a la vida

4 Escribe una jerarquía de cinco valores que dan un sentido cotidiano y último a la vida personal. Explica el motivo principal de tu jerarquía.

Realiza en la web de Anaya la autoevaluación de esta unidad.

3

Pecado, Perdón y Unción

Comenzamos

Dios se revela en la historia y perdona el pecado

Dios ha creado al ser humano por amor y para que sean amigos y vivan felices en relación con Él, con los demás, consigo mismo y con la creación.

Sin embargo, la persona comete pecados como suplantar y rechazar a Dios, hacer el mal a los demás y a sí mismo, destruir la naturaleza, etc. Y así, con el pecado rompe la relación con Dios.

La historia de Israel, narrada en la Biblia, ofrece muchos ejemplos de pecados y rechazos al amor de Dios. Y la respuesta de Dios ante el pecador: intervenir y revelarse en la historia para perdonar y seguir ofreciendo su amor y amistad.

Jesucristo, la mayor revelación del amor y perdón de Dios, instituye los sacramentos del Bautismo, Reconciliación y la Unción para el perdón de los pecados. Desde entonces, la Iglesia los celebra por todo el mundo.

En esta unidad conoceremos los sacramentos del Perdón y la Unción.

- ¿Qué frase te llama más la atención?
- ¿Qué título pondrías a esta imagen?

En esta unidad vas a estudiar

Dios perdona en el Perdón y la Unción

- Los sacramentos del Perdón y la Unción.
- El relato bíblico de «El pecado original».
- El valor de perdonar.

Reflexionamos

Para situarnos

- **Significado de «confesar».** «La palabra "confesar" proviene del latín *confiteri,* que significa 'reconocer'. (...) La Confesión es el reconocimiento personal de que el creyente ha pecado y busca perdón».

  Oración persa y musulmana de confesión de los pecados:

  «Todo lo que debería haber pensado y no haber pensado,

  Todo lo que debería haber dicho y no haber dicho,

  Todo lo que debería haber hecho y no haber hecho,

  Todo lo que no tendría que haber pensado, pero pensé,

  Todo lo que no tendría que haber hecho, pero hice,

  Por pensamientos, palabras y obras rogamos, oh Dios, tu perdón».

- **Significado de «pecado».** «La palabra castellana "pecado" se deriva de la latina *peccatum,* que significa 'acto culpable' o 'error'».
- **Las cenizas simbolizan el arrepentimiento del pecado.** «Los antiguos semitas (judíos) que habían pecado se arrepentían con el arañazo en la piel de un vestido de pelo de camello y la humillación de las cenizas en su frente —como los cristianos el Miércoles de Ceniza—».
- **El óleo bendecido en los sacramentos.** En el catolicismo se utilizan óleos aromáticos o crismas para la unción en los sacramentos del Bautismo, la Confirmación, la Unción de enfermos y el Orden sacerdotal. Este óleo es de «aceite puro de oliva, bendecido por un obispo el Jueves Santo, antes del Paster Noster de la misa —llamada la Misa del Santo Crisma—. (...) El óleo de unción es tan importante para los israelitas que el Libro del Éxodo (29; 7, 21; 30; 23-31) ofrece varias reglas para su preparación y uso, haciendo un aceite aromático al añadirle bálsamo, incienso y mirra».

  (Charles Panati: *Los orígenes sagrados de las cosas profundas.* Obelisco, 2002, págs. 16-17; 185; 187 y 189).

Dialogamos

1. ¿Qué hecho te resulta más interesante? ¿Por qué?
2. ¿Qué pecados se cometen más en la sociedad actual?
3. ¿Qué opinas de confesar los pecados? ¿Y de perdonarte y perdonar a los demás?
4. ¿Qué puedes contar sobre los sacramentos del Perdón y la Unción de enfermos?

1 Experiencias humanas y cristianas

Hoy muchas personas no saben perdonar y niegan el pecado. Opinan que perdonar es de tontos y que nada está mal. Y por ello, actúan dejándose llevar por su egoísmo y el mal moral.

Ante esta situación, la Iglesia enseña las consecuencias negativas del pecado y propone los sacramentos y la moral cristiana para salvarse del pecado y ser más feliz con Dios, con los demás, consigo mismo y con la naturaleza.

El pecado es todo comportamiento y actitud que rompe la relación con Dios, los demás y uno mismo: «El pecado es una falta contra la razón, la verdad, la conciencia recta: es faltar al amor verdadero para con Dios y para el prójimo, a causa de un apego perverso a ciertos bienes. Hiere la naturaleza del hombre y atenta contra la solidaridad humana».

1.1 El árbol del perdón

Julio se había convertido en un mendigo que pedía por las calles. No tenía casa, dinero ni trabajo. Tenía miedo de todo, de encontrarse con la policía o algún violento. Estaba solo. Se sentía mal y tenía hambre y frío. Buscó trabajo a cambio de comida, pero no se lo dieron por su aspecto de mendigo y drogadicto. Además, le amenazaban con llamar a la policía si no se marchaba rápidamente.

Al llegar la Navidad, Julio se preguntó: ¿Qué voy a hacer? ¿Por qué he llegado a esta situación? Y casi sin darse cuenta, comenzó a recordar su historia de pecados y fracasos.

¿Sabías que...?

La iglesia y el pecado

«El pecado es un acto personal. Pero nosotros tenemos una responsabilidad en los pecados cometidos por otros cuando cooperamos a ellos:

- participando directa y voluntariamente;
- ordenándolos, aconsejándolos, alabándolos o aprobándolos;
- no revelándolos o no impidiéndolos cuando se tiene obligación de hacerlo;
- protegiendo a los que hacen el mal». (Catecismo de la Iglesia Católica. 1997, nº 1849 y 1868).

El siguiente relato se inspira en la parábola del hijo pródigo (Lc 15, 11-31), que contó Jesús para enseñar el perdón de Dios. Narra pecados y enseña la importancia del arrepentimiento y el perdón.

Todo empezó en el instituto. Allí conoció a una compañera que le invitó a fumar y a beber alcohol. Al principio se negó, pero como la chica le gustaba, comenzó a beber y a fumar. Y lo peor, comenzó a ocultárselo a su familia.

Un día, la chica le invitó a fumar droga y aceptó. Hasta que se convirtió en un consumidor habitual de drogas. Dejó de estudiar. Suspendió el curso. Y para pagar las drogas, mintió a su familia, les robó dinero, insultó y agredió a su padre por negarse a darle dinero, y por su causa, su familia se convirtió en un infierno.

Al cumplir la mayoría de edad, Julio robó las joyas de su madre y se marchó de casa sin decir adónde iba. Vendió las joyas y despilfarró el dinero con sus colegas. Pero cuando se le acabó el dinero y se puso enfermo todos le abandonaron.

Ahora se acordaba mucho de sus padres y hermanos: ¡Qué feliz vivía con ellos! ¿Se acordarían mucho de él? Al ver el sufrimiento que se había causado a sí mismo y a su familia, lloró de arrepentimiento. Se arrepintió de haber abandonado los estudios y destrozado a su familia. Y, les escribió esta carta:

«Queridos padres y hermanos: Os pido perdón de todo corazón. Por mis pecados me he convertido en un mendigo. Si me perdonáis volveré a casa y trabajaré sin descanso para pagar lo que os robé y reparar todo el mal que os hice. Si me perdonáis y puedo volver a casa, poned un pañuelo blanco en el árbol que hay frente a la casa. Yo pasaré en el autobús la víspera de Navidad. Si veo el pañuelo en el árbol, bajaré e iré hacia la casa. Si no, comprenderé y proseguiré mi viaje, aunque no sepa a dónde ir».

Cuando Julio pasó junto al árbol se sorprendió al ver el árbol lleno de pañuelos blancos. Pero más se sorprendió y emocionó al bajarse del autobús y encontrarse con toda su familia, que con pañuelos blancos, no paraban de sonreírle, besarle, acariciarle, abrazarle...

(Adaptado de: http://www.feyalegria.org/images/acrobat/EnsenarValoresConElPadrenuestro_PEsclarin.pdf).

¿Sabías que...?

Mal natural y mal moral

Existen dos tipos de males: los naturales y los morales. Los males naturales son los originados por la naturaleza, por ejemplo, los terremotos. Y los males morales son los producidos por las personas a causa de su egoísmo, envidia, avaricia, etc. Ejemplos de males morales son la guerra, el hambre, la violencia en las escuelas, el terrorismo, etc. Para la Iglesia, el pecado es el origen del mal moral.

Comprende, piensa, investiga...

1 **Analizar.** Lee la introducción y escribe una definición de pecado. Pon algún ejemplo actual: ¿Quién o quiénes son sus responsables? ¿Qué consecuencias personales y sociales tiene? ¿Qué deben hacer los responsables para remediar el mal causado?

2 ¿Qué pecados y malos comportamientos aparecen en el relato?

3 ¿Qué gestos de arrepentimiento y perdón realizan sus personajes?

4 ¿Qué te llama más la atención del relato? ¿Por qué?

5 ¿Qué te enseña esta historia sobre el perdón?

6 Describe un ejemplo de verdadero perdón. Puede ser del cine, la literatura o de tu vida personal: ¿Quién perdonó a quién? ¿Por qué le perdonó? ¿Con qué gestos y palabras le perdonó? ¿Qué consecuencias tuvo para quien perdonó? ¿Y para quien fue perdonado?

7 Busca en Internet o en un libro impreso una frase célebre sobre el «Perdón» o el «Perdón de Dios» y envíasela a una persona, junto a una frase tuya, para pedirle perdón y expresarle tu deseo de reconciliación.

8 Realiza en la web de Anaya la actividad del apartado «Comenzamos a reflexionar» de esta unidad.

2 Los sacramentos de curación

Dios interviene en la historia para curar y perdonar los pecados. Jesús, la mayor revelación de Dios en la historia, cura y perdona e instituye y encarga celebrar los sacramentos del Perdón y la Unción (Jn 20, 22-23 y Mc 16, 17-18).

Por ello, al Perdón y la Unción se les llama sacramentos de curación porque aportan ayudas físicas, psicológicas y religiosas, y curan las consecuencias del pecado para lograr la salvación.

2.1 El sacramento del Perdón

La Penitencia es el sacramento del perdón de Dios. El bautizado que se confiesa recibe, por la misericordia de Dios, el perdón de los pecados cometidos después del Bautismo. Así, el cristiano se reconcilia con Dios, con la Iglesia, con los demás y consigo mismo. Y recupera la gracia de Dios y amistad con Él, la paz interior y la tranquilidad de conciencia. Los ministros o responsables de administrar este sacramento son los obispos y sacerdotes.

La liturgia del Perdón está formada por cuatro acciones, tres realizadas por el penitente y una, la absolución, por el sacerdote:

1º **Arrepentirse** por medio de un examen de conciencia. El penitente debe reconocer los pecados cometidos ante Dios y ante él mismo, sentir dolor de los pecados (experimentar el arrepentimiento de haber pecado), y propósito de la enmienda (decidir rechazar el pecado y comenzar una vida nueva con la ayuda del Espíritu Santo).

2º **Confesar** los pecados al sacerdote para recibir el perdón de Dios.

3º **Recibir la absolución.** El sacerdote pronuncia la fórmula sacramental: «Yo te absuelvo de tus pecados», y a la vez, impone la mano sobre la cabeza del **penitente** y traza la señal de la cruz sobre él. Este gesto expresa el perdón de Dios y el momento culminante del sacramento.

Jesús abriendo los ojos de un ciego de nacimiento, obra de Duccio di Buoninsegna (Nacional Galery, Londres).

4º **Aceptar cumplir la penitencia.** El cristiano, ya perdonado, acepta y se compromete a realizar la penitencia o buena obra que, el sacerdote le propone, como señal de su buena voluntad, de convertirse a Dios y de remediar el mal causado.

2.2 El sacramento de la Unción de los enfermos

La Unción es la celebración del encuentro sacramental con Cristo médico y Salvador, que cura, alivia y libera del mal al que sufre. Se administra a los enfermos graves y a los moribundos cristianos. Aporta la gracia de Dios y la paz de ánimo para superar las dificultades de la enfermedad o la vejez; el perdón de los pecados, si no se ha podido confesar los pecados; y prepara el paso a la vida eterna. Estos beneficios son dones o regalos del Espíritu Santo.

La Unción se debe celebrar de forma litúrgica y comunitaria. Si es posible, la Unción debe ir precedida del sacramento de la Penitencia y seguida de la celebración de la Eucaristía. Solo los obispos y sacerdotes pueden administrar este sacramento. Los familiares, deben animar a los enfermos católicos a recibirla.

La liturgia de la Unción comprende cuatro momentos principales:

1º **Ritos iniciales.** El sacerdote realiza una aspersión de agua bendita en el enfermo y en la habitación, a la vez que pronuncia una fórmula ritual.

2º **Lectura de la Palabra de Dios.** Especialmente, la de Mateo 8, 5-10.

3º **Ritos de la Unción.** El sacerdote realiza la unción con óleo bendecido, en la frente y en las manos del enfermo y pronuncia las siguientes palabras rituales: «Por esta santa unción, y por su bondadosa misericordia, te ayude el Señor con la gracia del Espíritu Santo, para que, libre de tus pecados, te conceda la salvación y te conforte en tu enfermedad». Esta unción es lo más importante de este sacramento.

4º **Ritos de conclusión.** Se reza el Padrenuestro y el sacerdote realiza la bendición. Y así, termina la liturgia de la Unción.

¿Sabías que...?

Jesús, el Perdón y la Unción

El Nuevo Testamento presenta a Jesús de Nazaret perdonando los pecados (Lc 23, 33-34) y como médico de los enfermos, a los que curó, tocándoles con sus manos y ungiéndoles con su saliva (Lc 5, 17-26). Y como después de su resurrección, sus apóstoles realizan la misión que les encargó de imponer las manos a los enfermos para curarles (Mc 16, 18) y perdonar los pecados (Jn 20, 22-23).

Los sacramentos del Perdón y la Unción se basan en estos gestos y misiones, que Jesucristo encargó, y en sus enseñanzas sobre el perdón, por ejemplo, en la parábola del perdón (Mt 18, 21-35).

Comprende, piensa, investiga...

1 En pareja, realizad las siguientes actividades:

a) Completad en vuestro cuaderno el siguiente texto: Dios interviene en la historia para... Jesús, la mayor revelación de Dios en la historia, cura y ... e instituye y encarga...

b) Escribid una definición sobre el sacramento y liturgia del Perdón y otra sobre la Unción y su liturgia.

c) Extraer alguna conclusión o idea principal de esta doble página.

d) Presentad y explicad a la clase alguna de vuestras respuestas.

2 Imagínate que eres cristiano y practicas el perdón, ¿qué le dirías a una persona que actúe así: «No perdonaré ni volveré a hablar con mi amigo porque ha contado un secreto mío que le confié. Además, desde ahora no voy a fiarme de nadie».

3 **Explicar.** Buscad en Internet el «Catecismo de la Iglesia Católica» (1977), consultad los números 1423 y 1424 y contestad: ¿Qué otro nombre recibe el sacramento del Perdón?

4 Realiza en la web de Anaya la actividad interactiva de esta unidad.

3 La Biblia y mis competencias: El primer pecado

El siguiente relato pertenece al Antiguo Testamento, al libro del Génesis, cuya redacción final es del siglo v a. C.

Narra en forma de mito el pecado original (el primer pecado de la humanidad), cometido por Adán y Eva.

3.1 El pecado original (Gén 3, 1-13 y 20-24)

«La serpiente era más astuta que las demás bestias del campo que el Señor había hecho. Y dijo a la mujer: "¿Conque Dios os ha dicho que no comáis de ningún árbol del jardín?". La mujer contestó a la serpiente: "Podemos comer los frutos de los árboles del jardín; pero del fruto del árbol que está en mitad del jardín nos ha dicho Dios: "No comáis de él ni lo toquéis, de lo contrario moriréis". La serpiente replicó a la mujer: "No, no moriréis; es que Dios sabe que el día en que comáis de él, se os abrirán los ojos, y seréis como Dios en el conocimiento del bien y el mal".

Entonces la mujer se dio cuenta de que el árbol era bueno de comer, atrayente a los ojos y deseable para lograr inteligencia; así que tomó de su fruto y comió. Luego se lo dio a su marido, que también comió. Se les abrieron los ojos a los dos y descubrieron que estaban desnudos; y entrelazaron hojas de higuera y se las ciñeron. Cuando oyeron la voz del Señor Dios que se paseaba por el jardín a la hora de la brisa, Adán y su mujer se escondieron de la vista del Señor Dios entre los árboles del jardín.

El Señor Dios llamó a Adán y le dijo: "¿Dónde estás?". Él contestó: "Oí tu ruido en el jardín, me dio miedo, porque estaba desnudo, y me escondí". El Señor Dios le replicó: "¿Quién te informó de que estabas desnudo?, ¿es que has comido del árbol del que te prohibí comer?". Adán respondió: "La mujer que me diste como compañera me ofreció

Adán y Eva cometiendo el pecado, detalle del retablo de La Virgen de la Victoria, obra de Andrea Mantegna (Museo del Louvre, París).

del fruto y comí". El Señor Dios dijo a la mujer: "¿Qué has hecho?". La mujer respondió: "La serpiente me sedujo y comí". (...)

Adán llamó a su mujer Eva, por ser la madre de todos los que viven. El Señor Dios hizo túnicas de piel para Adán y su mujer, y los vistió. Y el Señor Dios dijo: "He aquí que el hombre se ha hecho como uno de nosotros en el conocimiento del bien y el mal; no vaya ahora a alargar su mano y tome también del árbol de la vida, coma de él y viva para siempre".

El Señor Dios los expulsó del jardín de Edén, para que labrase el suelo de donde había sido tomado. Echó al hombre, y a oriente del jardín de Edén colocó a los querubines y una espada llameante que brillaba, para cerrar el camino del árbol de la vida».

3.2 Quiénes son los protagonistas

- **Adán y Eva.** Simbolizan a la primera pareja de la humanidad, el pecado original y a todo hombre y mujer, de ayer y hoy.

3.3 Para interpretar correctamente el relato

Este relato no es un texto científico ni hay que interpretarlo literalmente, tal como está escrito. Es un texto sagrado que, en forma de mito, expresa una verdad revelada por Dios sobre el pecado original.

Para interpretarlo correctamente, hay que distinguir la verdad revelada del género literario en que está escrito, así como la simbología y significado de sus elementos.

La serpiente simboliza el mal y el tentador. El fruto del árbol prohibido, el objeto de la tentación. Comer del fruto, creerse igual a Dios. Las túnicas de piel, la pérdida de la inocencia. El jardín del Edén, un mundo ideal y eterno con Dios. Y, la expulsión del jardín de Edén, representa el castigo por el pecado cometido.

3.4 Qué nos enseña para la vida diaria

El relato nos enseña y revela las siguientes verdades: las personas rompen con Dios por el pecado. El pecado consiste en el rechazo a la intervención de Dios en la propia vida o en la suplantación de Dios por falsos dioses: el dinero, la fama, el poder... También, nos enseña en qué consistió el pecado original: dejarse llevar por la soberbia, utilizar mal la libertad y desobedecer a Dios para ser igual a Él.

¿Sabías que...?

El pecado original

Es una verdad y término de la fe cristiana, para expresar el primer pecado de la humanidad y sus consecuencias: transmitir a todos una naturaleza humana con una doble inclinación hacia el bien y el mal. El pecado original es la raíz de todo mal. Es la predisposición hacia el mal que existe en toda persona desde su nacimiento, y que hace que se separe de Dios (Rom 7, 18-20).

También se le llama «pecado original» porque produce una ruptura de la persona con su «origen» que es Dios. Esa inclinación a la ruptura con Dios existe en el corazón de toda persona. Por ello, con la ayuda de Dios, hay que evitarlo y reconstruir el jardín de Edén en la tierra: una sociedad de amor, justicia y paz para todos.

Comprende, piensa, investiga...

1 Copia en tu cuaderno y completa cada frase con la información que le corresponde:

a) El relato pertenece a la parte de la Biblia del... y al libro de... cuya redacción final fue en...

b) Su argumento es...

c) Para interpretar correctamente el relato...

d) La serpiente simboliza... El fruto del árbol prohibido... Comer del fruto... El jardín de Edén... Y, la expulsión del jardín de Edén...

e) El relato enseña y revela las siguientes verdades...

2 Inventa un relato sobre el pecado original que ocurra hoy. Utiliza el lenguaje actual y pon algún ejemplo de pecado, de rechazo o suplantación de Dios. Puede ser de algún dictador, famoso, fanático, deportista, terrorista...

3 Lee tu relato a la clase y explica para qué te ha servido esta actividad.

Taller de inteligencias múltiples

Mi inteligencia espiritual

La espiritualidad del perdón en el arte

La contemplación de obras de arte es un camino para desarrollar la dimensión espiritual. Existen multitud de obras de arte, inspiradas en la Biblia, sobre el perdón de Dios y de Jesús. Admirar y reflexionar sobre estas esculturas, pinturas o grabados desarrolla la espiritualidad del perdón que practicó Jesús de Nazaret.

Aprende e investiga en Internet

1 Lee Lc 15, 11-31 y amplía la información en Internet sobre el cuadro de Rembrandt *El regreso del hijo pródigo.*

Desarrolla tu espiritualidad de perdón

2 Quédate en silencio y relájate interiormente. Después observa atentamente cada detalle de la pintura e intenta memorizarla. Cierra los ojos y observa tu respiración: cómo entra y sale el aire por tu nariz.

3 Abre los ojos y observa en silencio la pintura: los gestos y caras de los personajes, los colores y sombras...

4 Cierra los ojos y recuerda la pintura. Imagínate que eres el hijo pródigo. Imagínate que estás pidiendo perdón y el padre te abraza y te perdona con palabras y caricias. Imagínate qué sentimientos se despiertan en ti: paz, ternura, felicidad...; cómo te abrazas a él; qué le dices para darle las gracias por perdonarte...

Comparte tu experiencia

5 Cuando lo indique el profesor o profesora, abre los ojos y mueve lentamente tus manos, tus pies... Después, puedes contar a la clase tu experiencia: ¿Qué ha ocurrido en tu interior? ¿Qué has sentido? ¿Qué le has dicho al padre?

El regreso del hijo pródigo
de Rembrandt (1606-1669)

Este cuadro está basado en la parábola del hijo pródigo (Lc 15, 11-31), que Jesús contó para enseñar a perdonar. Es quizás la última obra, pintada en 1669, al final de su vida.

La pintura destaca la luz sobre el abrazo entre los dos protagonistas (el padre de la parábola y el hijo pródigo); las caras y miradas; y el abrazo y las manos del padre (Dios Padre).

Y sobre todo, los sentimientos que expresan sus personajes: la ternura del padre, el arrepentimiento del hijo pródigo, la soberbia del hijo mayor...

Mi inteligencia emocional

El sentimiento de arrepentimiento

El sentimiento de arrepentimiento consiste en experimentar tristeza o pena por no haber hecho algo bueno, que uno creía que debía hacer, o por haber hecho algo malo a una persona, a uno mismo, a un animal, a la naturaleza... Arrepentirse sirve para aprender de los errores y ser mejor persona y más feliz.

Comprende y reflexiona

1 Analizar. Lee los dos textos y contesta: ¿Qué te enseñan sobre el arrepentimiento?

a) **El arrepentimiento que gusta a Dios:** «La tristeza vivida como Dios quiere produce arrepentimiento decisivo y saludable» (2 Cor 7, 10). «Arrepentíos y convertíos, para que se borren vuestros pecados; para que vengan tiempos de consuelo de parte de Dios, y envíe a Jesús» (Hech 3, 19-20).

b) **El hilo que nos une a Dios:** «Un viejo rabino contaba que cada uno de nosotros estamos unidos a Dios por un hilo. Cuando cometes una falta, el hilo se rompe. Pero en cuanto te arrepientes de ello, Dios hace un nudo con el hilo. Entonces el hilo se acorta y el pecador está un poco más cerca de Dios. Así ocurre después del arrepentimiento de cada fallo; de nudo en nudo, nos vamos acercando siempre más a Dios. Resulta entonces que cada pecado hace acortar la cuerda anudada, y nos acerca más rápidamente al corazón de Dios». (Mari Patxi Ayerra: *Así vivo yo como cristiana.* CCS, Madrid, 2007).

Analízate y mejora tus sentimientos

2 Haz una lista de tres comportamientos tuyos de los que te arrepientes de verdad. Cierra los ojos e imagina cómo te comportaste, el mal que hiciste, los sentimientos que te produjeron.

3 Copia en tu cuaderno el recuadro y complétalo con sinceridad. Solo tú conocerás tus respuestas.

a) Me arrepiento de...	b) Cuando me porté mal me sentí...	c) Para arreglar este mal me comprometo a...	d) Cuando lo haga me sentiré...

4 Busca en Internet, la canción con su letra: «Perdóname», de Pablo Alborán. Escúchala y contesta: ¿De qué trata? ¿Qué enseña sobre el arrepentimiento y el perdón? ¿En qué se parece y en qué se diferencia con el arrepentimiento y el perdón cristiano?

Mis valores humanos y cristianos

El valor de perdonar

El valor de perdonar consiste en la actitud de olvidar las ofensas y dar una nueva oportunidad a quien nos engaña. Es el buen comportamiento de reconciliación con los demás, para así ser más feliz consigo mismo, con los demás y con Dios. Perdonar es un gesto de amor a uno mismo y a quien se perdona.

El siguiente cuestionario quiere ayudarte a reflexionar sobre tu actual actitud para perdonar y confesarte. Para desarrollar esta competencia, realiza las siguientes tareas:

Sé sincero y evalúate

1 Lee y contesta cada pregunta, eligiendo una de las tres opciones: SÍ - NO SÉ - NO. Contesta sinceramente. No cómo te gustaría ser, sino cómo te comportas hoy.

2 Escribe en tu cuaderno el número de cada pregunta y la opción elegida.

«CUESTIONARIO: ¿SOY CAPAZ DE PERDONAR Y CONFESARME?»

1. Cuándo alguien te causa algún daño, ¿tratas de olvidarlo e intentas que no vuelva a repetirse esta situación?
2. Cuando alguien te miente y engaña, ¿procuras comprender porque actuó así y valoras objetivamente su buena o mala intención?
3. ¿Crees que perdonar es propio de personas con un gran corazón?
4. ¿Piensas que lo mejor es no devolver el daño que te hacen, sino perdonar y dar otra oportunidad a la persona que te ha tratado malamente?
5. En general, ¿pides perdón a la persona que engañas y haces daño?
6. ¿Dedicas tiempo para estar en silencio y ante tu conciencia, reconocer los malos comportamientos que has realizado con los demás?
7. Sientes en tu interior tristeza y arrepentimiento por tus malos comportamientos?
8. ¿Estás decidido de verdad a mejorar tu comportamiento con los demás?
9. ¿Deseas confesar tus pecados al sacerdote para recibir el perdón de Dios?
10. Como gesto de tu buena voluntad de convertirte a Dios y de arreglar el mal que has causado, ¿estás dispuesto a cumplir la penitencia o el buen comportamiento que el sacerdote te proponga realizar?

3 **Analizar.** Evalúa tus respuestas con las siguientes claves. Después, reflexiona sobre los resultados que has obtenido: ¿Por qué has obtenido estos resultados? ¿Qué conclusión extraes sobre tu actual capacidad para perdonar y confesarte?

CLAVES PARA EVALUAR EL CUESTIONARIO

- ☐ Las preguntas 1 a 5 tratan sobre el perdón. Suma los SÍES, los NO SÉ y los NOES. A mayor número de SÍES, mayor es tu capacidad de perdonar. A mayor número de NOES, mayor es tu dificultad para perdonar. Y a mayor número de NO SÉ, mayor es tu confusión o indiferencia para perdonar.
- ☐ Las preguntas 6 a 10 tratan sobre la actitud necesaria para confesar los pecados y los malos comportamientos cometidos. A mayor número de SÍES, mayor es tu actitud para confesarte. A mayor número de NOES, mayor es tu dificultad para confesarte. Y a mayor número de NO SÉ, mayor es tu confusión o indiferencia para confesarte.

Debate y reflexiona en grupo

4 **Interpretar.** Evalúa en clase el cuestionario (no tus respuestas): ¿Qué opinas de él? ¿Para qué te ha servido? ¿Qué pregunta te ha llamado más la atención? ¿Por qué?

He aprendido

Sobre el pecado, el Orden y la Unción

1 Completa el esquema en tu cuaderno y escribe las diez parejas de números y letras.

Los sacramentos de curación		
son		tienen su origen en
el Perdón	**la Unción**	**la revelación de 1...**
es	es	en
el sacramento del perdón de los 2...	**el sacramento de preparación para** la vida eterna	**la Historia de la 3... Salvación**
su liturgia comprende	su liturgia comprende	**para**
arrepentimiento	ritos iniciales	**amar y salvar del pecado**
confesión	**lectura de la 5... de Dios**	por medio de
4... absolución	**ritos de la Unción**	**6... Jesucristo**
y	y	que encargó
7...	**8... de conclusión**	**9... y 10... los pecados**

2 Compara tus respuestas con las soluciones del recuadro y comprueba tus aciertos:

Perdonar - penitencia - curar
ritos - Palabra - pecados - Dios

Sobre el relato bíblico

3 ¿Cuál es el argumento del relato bíblico de «El pecado original»?

4 **Explicar.** Explica la siguiente frase con tus palabras y algún ejemplo: «El pecado es la ruptura de la persona con Dios y el rechazo a la intervención de Dios en la propia vida».

Sobre el valor de perdonar

5 Escribe una definición del valor del perdonar y algún ejemplo actual para practicar este valor.

Realiza en la web de Anaya la autoevaluación de esta unidad.

4

Jesucristo, vocación y Orden

Comenzamos

Jesucristo, centro de la vocación cristiana

La persona es un ser religioso que busca a Dios y necesita descubrir su vocación para ser feliz. Dios responde a esta búsqueda y vocación humana manifestándose en la historia. La Biblia recoge esta historia de amor y comunicación de Dios a las personas. Y por medio de su Hijo, Jesucristo, Dios se revela de forma completa.

Jesucristo, por su muerte y resurrección, está presente en la historia y en la Iglesia. Y las personas que se encuentran personalmente con Él, viven una experiencia de plenitud que les cambia la vida.

La Iglesia católica, con la ayuda de Jesucristo, promueve la vocación cristiana general y las vocaciones cristianas particulares, que se celebran y fortalecen en los siete sacramentos. Por ejemplo, la vocación de sacerdote en el sacramento del Orden.

- ¿Qué experiencia vive la persona que se encuentran con Jesucristo? ¿En qué cambia su vida?
- Observa la imagen: ¿Qué le dirías a Jesús si te encontrarás con Él y te dijera «Ven y sígueme»?

En esta unidad vas a estudiar

Jesucristo y la vocación del cristiano

- La vocación cristiana y el sacramento del Orden.
- El relato bíblico de «La conversión y vocación de San Pablo».
- El valor del servicio.

Reflexionamos

Para situarnos

- **Vocaciones en la Iglesia católica.** El Informe anual de 2014 de estadísticas de la Iglesia católica en el mundo ofrece los siguientes datos: El número de católicos era de 1228621000, quince millones más que el año anterior. Aumentan los sacerdotes, con un total de 414313. El número de obispos en el mundo es de 5133. Y 55314, el de religiosos y religiosas.

  (http://www.periodistadigital.com/religion/mundo/2014/10/24/)

- **Ejemplo de vocación cristiana y deportiva.** Katie Ledecky nació en Washington (Estados Unidos), el 17 de marzo de 1997. Empezó a nadar y entrenar a los seis años. A los quince años, en los Juegos Olímpicos de Londres 2012, ganó una medalla de oro en los 800 metros libre, con el segundo tiempo más rápido de todos los tiempos. Fue la nadadora más joven en ganar el oro olímpico. Y en Barcelona, en el Campeonato Mundial de Natación de 2013, batió dos récords del mundo y ganó cuatro medallas de oro.

  Katie estudió en un colegio católico. Fue educada por las hermanas del Inmaculado Corazón de María, por ello, es devota de Santa Ana (la madre de la Virgen María) y de San Patricio, el santo del día de su nacimiento. Su hermano Michael y sus padres le han ayudado a descubrir su vocación cristiana y deportiva. Y su fe y vocación cristiana es el motor de su vida personal, deportiva y cristiana: «Siempre rezo un avemaría antes de cada carrera, y me gusta ir a misa todos los domingos. Es una gran oportunidad para reflexionar y para conectar con Dios. Mi fe ha sido una parte importante de mi vida desde que nací».

  (http://www.religionenlibertad.com/2013/8/13/)

Dialogamos

1 ¿Cuál crees que es tu vocación? ¿Qué puedes hacer para descubrirla o fortalecerla?

2 ¿Qué te llama más la atención del apartado de «Vocaciones en la Iglesia»? ¿Por qué?

3 ¿Qué opinas de Katie Ledecky? ¿Y de su vocación cristiana y deportiva?

4 ¿Qué es la vocación cristiana? ¿Y el sacramento del Orden sacerdotal?

1 Experiencias humanas y cristianas

En la celebración de los sacramentos el cristiano se encuentra con Cristo resucitado. Este encuentro le ayuda a vivir en plenitud, a fortalecer y practicar su vocación cristiana. Además, en los sacramentos del Bautismo, la Confirmación y el Orden sacerdotal se recibe la fuerza del Espíritu Santo, que fortalece la fe y la vocación cristiana.

Los siguientes testimonios de tres curas muestran cómo practicaron su vocación cristiana como sacerdotes: con fe y sirviendo y entregando su vida por ayudar y salvar a los demás.

1.1 Los sacerdotes del Titanic

El Titanic, el transatlántico británico y el mayor barco del mundo de aquel tiempo, se hundió en la madrugada del 14 al 15 de abril de 1912. Su hundimiento causó la muerte de 1514 personas de las 2223 que iban a bordo. En 2012, el australiano y multimillonario Clive Palmer anunció la construcción del Titanic II, que será una réplica exacta del RMS Titanic y se botará en el 2016.

En la película *Titanic* (1997), del director James Cameron, cuando el barco comienza a hundirse por la proa, aparece un cura dando ánimo a los supervivientes y rezando con ellos. Esta escena está basada en la realidad: en el barco iban tres sacerdotes católicos.

Los tres se comportaron como verdaderos sacerdotes y héroes. Ayudaron heroicamente a muchos pasajeros a subirse a los botes salvavidas. Y en los momentos finales, acompañaron con los sacramentos y la oración a las víctimas del desastre, ofreciendo sus vidas para ayudar y para salvar a los demás.

Cartel publicitario de la película *Titanic* (1997), interpretada por Leonardo DiCaprio y Kate Winslet.

El padre Juozas Montvila, sacerdote nacido en 1885 en Lituania, era el más joven de los tres presbíteros a bordo del transatlántico. Se dirigía a Estados Unidos para servir pastoralmente a las comunidades de inmigrantes lituanos de Nueva York y Massachusetts. Varios supervivientes confirmaron que rechazó la posibilidad de salvarse mientras ayudaba a otros pasajeros a alcanzar los botes salvavidas: «Cumplió su misión hasta el final». Actualmente, este presbítero es considerado un héroe en Lituania.

Por su parte, Joseph Peruschitz, sacerdote benedictino alemán, viajaba también a Estados Unidos. Durante el viaje, y a semejanza de los otros dos sacerdotes, el presbítero escuchó confesiones y celebró misa cada día.

Según el testimonio de un superviviente, en los últimos minutos de la tragedia, él y el padre Thomas Byles rezaron juntos el rosario con las víctimas que quedaban a bordo, cuando el agua empezaba a inundar la cubierta.

El sacerdote Thomas Byles, igualmente, viajaba hacia el país americano para presidir el matrimonio de su hermano William. En el momento de la colisión del Titanic contra el iceberg que ocasionó la catástrofe, estaba rezando.

Los testimonios de los supervivientes coinciden en destacar su gran fe y valentía. A las 2:20, la hora en que se hundió completamente el barco, rezó el «acto de contrición» con los fieles que permanecían de rodillas junto a él. Después, les dio la absolución general de los pecados.

Y minutos antes del hundimiento, la orquesta del Titanic, en medio de la desesperación, tocó con mucha emoción la canción «Cerca de ti, Señor»: Cerca de ti, Señor, yo quiero estar; / tu grande eterno amor quiero gozar. / Llena mi pobre ser, limpia mi corazón; / hazme tu rostro ver en la aflicción. / Mi pobre corazón inquieto está, / por esta vida voy buscando paz. / Mas solo Tú, Señor, la paz me puedes dar, / cerca de ti, Señor, yo quiero estar.

(http://webcatolicodejavier.org/SacerdotesDelTitanic.html. Adaptación).

Comprende, piensa, investiga...

1 ¿Con quién se encuentra el cristiano en los sacramentos? ¿A qué le ayuda?

2 ¿Qué hecho del relato te llama más la atención? ¿Por qué?

3 ¿Qué te enseñan estos tres sacerdotes?

4 Dialoga sobre estas preguntas:

a) ¿A quién se admira más hoy? ¿Te gustaría parecerte a él y vivir como él? ¿Por qué?

b) Y tú, ¿a quién admiras más? ¿Qué te gustaría ser de mayor? ¿A qué te gustaría dedicar tu vida? ¿Por qué? ¿Qué piensas hacer para lograrlo?

5 ¿Qué ideas extraes para descubrir tu verdadera vocación?

6 ¿Qué piensas hacer para desarrollar tu espíritu personal ideal?

7 **Investigar.** Busca el vídeo «Cerca de Ti, Señor», visiónalo y contesta a las preguntas: ¿qué has sentido?, ¿qué le dirías a Dios?

8 Realiza en la web de Anaya la actividad del apartado «Comenzamos a reflexionar» de esta unidad.

2 La vocación y el Orden

El Bautismo, la Confirmación y el **Orden** son los «sacramentos del espíritu», porque en ellos se recibe la fuerza del Espíritu Santo con **carácter indeleble** (para siempre).

2.1 La vocación en la Biblia

La Biblia describe la vocación como un diálogo de amor entre Dios y la persona. Dios llama para que cada ser humano descubra su vocación y el plan que tiene para él; y la persona debe confiar en Él y realizar este plan. Así lo hicieron Abrahán (Gn 12, 1-4), Moisés (Ex 3, 4), Jeremías (Jer 1, 4-10), María (Lc 1, 38), los doce apóstoles (Mc 3, 13-19), San Pedro (Lc 5, 1-11), etc.

2.2 La vocación cristiana

Dios promueve en el corazón de toda persona la vocación de amar, decir la verdad y desarrollar todas sus dimensiones.

La **vocación cristiana** es la llamada que hace Jesucristo a cada cristiano: «Ven y sígueme» (Mt 19, 21) para ser santo y construir el reino de Dios aquí en la tierra. Se inicia con el Bautismo y continua con la **vocación particular,** con la cual, cada cristiano realiza de forma personal la llamada de Dios.

Dentro de la **vocación cristiana general,** existen tres vocaciones particulares: el **sacerdocio,** el **matrimonio** y la **consagración** en **una familia religiosa.** Cuando Dios llama a uno de estos tres «estados de vida», desarrolla la libertad de la persona y le pide su compromiso.

2.3 El sacramento del Orden sacerdotal

El Orden es el sacramento del ministerio o del servicio de los apóstoles, por el cual la misión confiada por Cristo a sus apóstoles continúa en la Iglesia hasta el fin de los tiempos (Mt 28, 19-20).

¿Sabías que...?

La vocación del amor

«Todos los hombres perciben el impulso interior de amar de manera auténtica; amor y verdad nunca los abandonan completamente, porque son la vocación que Dios ha puesto en el corazón y en la mente de cada ser humano. (...) Una vocación a amar a nuestros hermanos. (...) El desarrollo humano integral es ante todo vocación». (Papa Benedicto XVI: *Caritas in veritate* —La caridad en la verdad—, 2009, nº 1 y 11).

Ordenación de sacerdotes en la basílica de San Pedro del Vaticano (2013).

Este sacramento tiene tres grados u órdenes: el episcopado (patriarcas, arzobispos y obispos), el presbiterado (los curas) y el diaconado (los diáconos). Los tres grados forman la jerarquía de la Iglesia, pero solo al episcopado y al presbiterado se les otorga un poder sagrado para realizar las tareas que Cristo encomendó a sus apóstoles: celebrar la Eucaristía, representar a Cristo ante la comunidad cristiana y actuar en nombre de toda la Iglesia.

La misión del diaconado es ayudar y servir a los otros dos grados. Solo los obispos ordenados válidamente, como sucesores de los apóstoles, pueden otorgar los tres grados del Orden.

2.4 La liturgia del sacramento del Orden

La liturgia del sacramento del Orden debe celebrarse dentro de la Eucaristía y con la presencia del mayor número posible de católicos. Por su importancia para la vida de la Iglesia, las ordenaciones de obispos, sacerdotes y diáconos se celebran preferentemente en domingo, en la catedral y con gran solemnidad.

El rito principal para los tres grados es la imposición de manos del obispo sobre la cabeza del ordenado, así como una oración de consagración en la que se pide a Dios los dones del Espíritu Santo, necesarios para que el candidato cumpla su ministerio (Hch 13, 2-3).

Durante las letanías de los santos, oraciones para pedir la intercesión o ayuda a los santos, el bautizado que se ordena permanece tendido en el suelo, como símbolo de su total entrega a la Iglesia.

2.5 La vocación sacerdotal y la Iglesia

La vocación del sacerdote es colaborar en el crecimiento de la Iglesia y participar en la misión de Cristo. El sacerdote es un consagrado a Cristo, que gasta su libertad gratuitamente, sin medir lo que da, para conseguir la libertad para los demás. El Papa, los obispos, los sacerdotes y los diáconos, elegidos y enviados por Jesús, renuevan sus gestos, proclaman su Palabra y hacen posible el crecimiento de la Iglesia. Jesús es el que actúa en ellos.

Comprende, piensa, investiga...

1 En pareja, copiad en vuestro cuaderno las frases y completadlas con la información de cada apartado:

a) La vocación en la Biblia es... y tres ejemplos son...

b) La vocación cristiana es... y las tres vocaciones cristianas particulares son...

c) El sacramento del Orden es... y su liturgia consiste en...

d) La vocación del sacerdote es...

2 Selecciona la imagen del libro que mejor exprese tu vocación actual o la búsqueda de tu verdadera vocación.

3 **Resolver.** Busca en Internet juegos de crucigramas sobre los sacramentos y comprueba qué sabes sobre los Siete sacramentos.

4 Visita la web del padre Yony: http://www.padrejony.com/:

a) Comenta el videoclip «Pescador de hombres - Padre Jony».

b) Conoce la «Fundación Provocando la Paz».

c) Escríbele un correo en «CONTACTO».

5 Realiza en la web de Anaya la actividad interactiva de esta unidad.

3 La Biblia y mis competencias: Conversión y vocación

El siguiente relato pertenece al Nuevo Testamento, al libro de Hechos de los Apóstoles, que se redactó entre los años 55-60 d. C. Narra la conversión de San Pablo.

3.1 Conversión y vocación de San Pablo (Hc 9, 1-20)

«Saulo, respirando todavía amenazas de muerte contra los discípulos del Señor, se presentó al sumo sacerdote y le pidió cartas para las sinagogas de Damasco, autorizándolo a traerse encadenados a Jerusalén a los que descubriese que pertenecían al Camino, hombres y mujeres.

Mientras caminaba, cuando ya estaba cerca de Damasco, de repente una luz celestial lo envolvió con su resplandor. Cayó a tierra y oyó una voz que le decía: "Saúl, Saúl, ¿por qué me persigues?". Dijo él: "¿Quién eres, Señor?". Respondió: "Soy Jesús, a quién tú persigues. Pero levántate, entra en la ciudad, y allí se te dirá lo que tienes que hacer".

Sus compañeros de viaje se quedaron mudos de estupor, porque oían la voz, pero no veían a nadie. Saulo se levantó del suelo, y, aunque tenía los ojos abiertos, no veía nada. Lo llevaron de la mano hasta Damasco. Allí estuvo tres días ciego, sin comer ni beber.

Había en Damasco un discípulo, que se llamaba Ananías. El Señor lo llamó en una visión: "Ananías". Respondió él: "Aquí estoy, Señor". El Señor le dijo: "Levántate y ve a la calle llamada Recta, y pregunta en casa de Judas por un tal Saulo de Tarso. Mira, está orando, y ha visto en visión a un cierto Ananías que entra y le impone las manos para que recobre la vista". Ananías contestó: "Señor, he oído a muchos hablar de ese individuo y del daño que ha hecho a tus santos en Jerusalén, y que aquí tiene autorización de los sumos sacerdotes para llevarse preso a todos los que invocan

Conversión de San Pablo, óleo sobre cobre realizado en 1575 por Bartholomaus Spranger (Biblioteca Ambrosiana, Milán).

tu nombre". El Señor le dijo: "Anda, ve; que ese hombre es un instrumento elegido por mí para llevar mi nombre a pueblos y reyes, a los hijos de Israel. Yo le mostraré lo que tiene que sufrir por mi nombre".

Salió Ananías, entró en la casa, le impuso las manos y dijo: "Hermano Saulo, el Señor Jesús, que se te apareció cuando venías por el camino, me ha enviado para que recobres la vista y seas lleno de Espíritu Santo". Inmediatamente se le cayeron de los ojos una especie de escamas, y recobró la vista. Se levantó, y fue bautizado. Comió, y recobró las fuerzas. Se quedó unos días con los discípulos de Damasco, y luego se puso a anunciar en las sinagogas que Jesús es el Hijo de Dios».

3.2 Quién es el protagonista

- **Saulo.** Nació entre los años 5 y 10 del siglo I, en Tarso (Turquía). Fue fariseo (secta judía muy legalista con su religión). En Jerusalén (Israel), fue discípulo de Gamaliel, un rabino muy famoso. Fue un fanático defensor de su religión, por ello, persiguió a los cristianos. Aprobó el asesinato del cristiano Esteban y encarceló a hombres y mujeres cristianos (Hch 8, 1-3).

3.3 Para interpretar correctamente el relato

Para interpretar correctamente este texto hay que saber lo siguiente: «las sinagogas» son el lugar de culto de la religión judía. Muchos de los primeros cristianos fueron judíos que después se convirtieron al cristianismo. Las personas que «pertenecían al Camino» son los cristianos, que siguen a Jesús: «Yo soy el camino y la verdad y la vida» (Jn 14, 6). Y «santos» es el nombre que reciben los cristianos porque participan de la vida santa de Dios y deben vivir santamente.

3.4 Qué nos enseña para la vida diaria

Este relato enseña cómo encontrarse personalmente con Cristo cambia la vida de la persona, le convierte en su discípulo y le hace descubrir su vocación cristiana. También enseña a evitar los fanatismos por motivos religiosos y a practicar los valores de San Pablo: su entrega, vocación, valentía, fe y compromiso por anunciar el mensaje de Jesucristo.

¿Sabías que...?

San Pablo y Jesús

Cuando se encontró con Jesucristo se convirtió, descubrió su vocación, cambió su nombre por el de Pablo y dedicó su vida a predicar el mensaje de Jesucristo. Realizó tres viajes por el mar Mediterráneo y recorrió unos 15 000 kilómetros. Fundó varias comunidades cristianas y escribió diversas cartas del Nuevo Testamento. Por su fe en Jesús, fue encarcelado y decapitado en Roma (entre los años 64-67 d. C.). En 2006 se descubrió en Roma su tumba.

Comprende, piensa, investiga...

1. ¿Qué te llama más la atención de la vida de San Pablo? ¿Por qué?
2. ¿Qué experiencia le llevó a convertirse al cristianismo?
3. ¿Qué hace San Pablo después de convertirse y descubrir su vocación cristiana?
4. ¿Qué te enseña San Pablo para mejorar tu vida diaria? ¿Y para descubrir tu verdadera vocación?
5. Consulta las últimas páginas de este libro y escribe los nombres de las cartas de San Pablo en el Nuevo Testamento.
6. Elige el consejo y el valor que más necesitas practicar hoy de este texto de San Pablo. Después, explica el motivo de tu elección: «Que nadie devuelva a otro mal por mal; esmeraos siempre en haceros el bien unos a otros y a todos. Estad siempre alegres. Sed constantes en orad. Dad gracias en toda ocasión: esta es la voluntad de Dios. (...) Examinadlo todo; quedaos con lo bueno. Guardaos de toda clase de mal» (1 Tes 5, 15-18 y 21-22).
7. **Investigar.** Busca en Internet un juego sobre las huellas de San Pablo y comprueba cuánto sabes sobre él.

Taller de inteligencias múltiples

Mi inteligencia espiritual

Espiritualidad y vocaciones cristianas particulares

Desarrollar la dimensión espiritual ayuda a descubrir y practicar la vocación cristiana. También a escuchar la llamada de Dios: «El Señor se presentó y llamó como las veces anteriores: "Samuel, Samuel". Respondió Samuel: "Habla, que tu siervo escucha"» (1 Sam 3, 10).

Evalúate y reflexiona sobre tu vocación

1 **Cuestionario: «¿Tengo algún tipo de vocación cristiana?».** Realiza el cuestionario: contesta con sinceridad y elige una opción: SÍ, NO SÉ y NO. Escribe el número de cada pregunta y la respuesta elegida.

1. ¿Te gustaría casarte por la Iglesia católica y formar una familia cristiana?

2. ¿Te preguntas a menudo si quieres ser sacerdote, religioso o religiosa?

3. ¿Te gustaría dedicar un tiempo de tu vida a trabajar gratuitamente en tu profesión y como misionero laico en un país pobre?

4. ¿Crees que serás verdaderamente feliz sin tener que trabajar ni estudiar?

5. ¿Te has planteado dedicar tiempo a comprobar si tu vocación es ser sacerdote, religioso, religiosa o un laico católico comprometido?

6. ¿Piensas que tu verdadera vocación es divertirte, salir de «marcha» e ir de compras?

7. ¿Sientes que Jesucristo te llama para que dediques tu vida a realizar una misión especial?

8. ¿Crees que serás más feliz si solo dedicas tu vida a conseguir lo que más te apetece sin tener en cuenta a los demás?

9. ¿Sientes a menudo que después de ayudar a tu familia o a los demás has recibido más de lo que has dado?

10. ¿Piensas que no tienes ninguna misión especial que realizar con tu vida?

11. ¿Te gusta estar comprometido en alguna actividad de la Iglesia católica: asociación católica, ONG, colaborar en la parroquia...

12. ¿Sueles rezar a Dios, contándole tus problemas y pidiéndole que te ayude a descubrir tu verdadera vocación?

Valora tus respuestas con estas claves

2 **Evaluar.** Las preguntas 1, 2, 3, 5, 7, 9, 11 y 12 tratan sobre la vocación cristiana. Suma los SÍ, NO SÉ y NO. A mayor número de SÍ, mayor es tu interés por la vocación cristiana. A mayor número de NO, mayor es tu desinterés. Y a mayor número de NO SÉ, mayor es tu confusión o indiferencia por la vocación cristiana.

Las preguntas 4, 6, 8 y 10 tratan sobre la falta de verdadera vocación humana y cristiana. Suma los SÍ, NO SÉ y NO. A mayor número de SÍ, mayor es tu interés por una vocación falsa y egoísta. A mayor número de NO, mayor es tu desinterés. Y a mayor número de NO SÉ, mayor es tu confusión o indiferencia por esta vocación egoísta.

Reflexiona sobre tus resultados

3 ¿Qué pregunta te ha llamado más la atención? ¿Por qué? ¿Qué enseñanza extraes sobre tu actual vocación después de conocer los resultados que has obtenido?

Mi inteligencia emocional

El sentimiento de vocación

El sentimiento de vocación consiste en experimentar una inclinación o cualidad especial para realizar una profesión o una misión en la vida. Para el cristiano, es sentir la llamada de Dios para una misión.

Prepara el cine-fórum

1 Lee los textos y contesta: ¿Cuál es el secreto para descubrir la vocación cristiana?

La última cima

Argumento

La película es un documental sobre Pablo Domínguez, un sacerdote católico y un buen montañero. Nació en Madrid en 1966. Coronó todas las cimas españolas con más de 2000 metros; otras de Los Alpes con más de 4000 metros, y otras más altas en América y Asia. En las cumbres, celebraba misa.

Murió en un accidente al descender del Moncayo (2300 metros), la última cima española que le quedaba. Las últimas palabras que dijo a su familia por teléfono, antes de morir, fueron: «He llegado a la cima».

Director y guionista: Juan Manuel Cotelo.
Realizador: Alexis Martínez.
Productores: Manuel de Cominges, Antonio Torres y Javier de Silos.
Nacionalidad: Española. **Año:** 2011.

La vocación cristiana

«El secreto de la vocación está en la relación con Dios, en la oración que crece precisamente en el silencio interior, en la capacidad de escuchar que Dios está cerca. Y esto es verdad tanto antes de la decisión, es decir, en el momento de decidir y de partir, como después, si se quiere ser fieles y perseverar en el camino» (Benedicto XVI: Sulmona, 5 de julio de 2010).

2 Puedes encontrar más información si buscas en Internet «pastoral vocacional».

Reflexiona sobre la película

3 Explicar. Después de visionar la película, contesta por escrito a las preguntas.

a) ¿Qué te llama más la atención de las palabras del director? ¿Por qué?
b) ¿Qué opinas de los cuatro mandamientos de la «jungla» que presenta el director? ¿Cuál añadirías?
c) ¿Qué valores y cualidades tenía Pablo Domínguez?
d) ¿Qué significaba para él ser sacerdote?
e) ¿Quién era Dios para él?
f) ¿Por qué le gustaba la montaña?
g) ¿Cómo entiende Pablo la muerte?
h) ¿En qué palabras y comportamientos de Pablo se expresa la plenitud con que vivía su vida?
i) ¿Qué escena o frase de la película te ha llegado más al corazón? ¿Por qué?
j) ¿Qué sentimientos te ha despertado?
k) ¿Cuál es tu «última cima» o la meta más importante que quieres alcanzar en tu vida?
l) ¿Qué te enseña esta película en general? ¿Y para descubrir tu vocación humana y cristiana?

Participa en el cine-fórum

4 Dialoga en el debate con tus respuestas escritas y verbales. Pide la palabra antes de hablar. Guarda el turno de palabra y escucha y respeta las respuestas de tus compañeros.

Mis valores humanos y cristianos

El valor del servicio

El valor del servicio es la actitud y el comportamiento de hacer, de forma desinteresada, tareas y favores por los demás. La persona servicial ayuda en los estudios a un compañero de clase, colabora en las tareas de la casa, participa en una ONG solidaria, etc.

Lee y comprende su significado

1 Lee y contesta:

A la Confirmación y al Orden, se los llama «sacramentos de servicio», por los servicios a que se comprometen los bautizados que los celebran. Además, el cristiano debe servir a los demás, siguiendo el ejemplo de Jesús, que dijo:

«El que quiera ser grande entre vosotros, que sea vuestro servidor, y el que quiera ser primero entre vosotros, que sea vuestro esclavo. Igual que el Hijo del hombre no ha venido a ser servido, sino a servir y a dar su vida en rescate por muchos» (Mt 20, 26-28). Y antes de la Última Cena, Jesús lavó los pies a sus apóstoles, como ejemplo de lo serviciales que ellos debían ser con los demás (Jn 13, 1-17).

a) ¿Por qué el cristiano debe servir a los demás?

b) ¿Qué enseñó Jesús sobre el servicio a los demás?

Practica y aprende a ser más servicial

2 Sé sincero y completa en tu cuaderno el recuadro con ejemplos concretos:

	Mi familia	Mis amigos	Mi escuela	La Iglesia
¿Qué servicios realizan por mí?	(...)	(...)	(...)	(...)
¿Qué servicios realizo yo por ellos?	(...)	(...)	(...)	(...)

3 Escribe el servicio que vas a realizar esta semana: ¿qué vas a hacer? ¿Con quién? ¿Dónde? ¿Cuándo? ¿Por qué motivo vas a cumplir este compromiso y servicio?

El lavatorio, óleo sobre lienzo, obra del pintor renacentista Tintoretto, donde se representa el momento en el que Jesús se dispone a lavar los pies a su discípulo Simón Pedro (Museo del Prado, Madrid).

He aprendido

Sobre la vocación y el Orden

1 Completa en tu cuaderno cada frase de la izquierda con su mitad de la derecha. Escribe en tu cuaderno las diez parejas de números y letras.

1. La vocación del sacerdote es colaborar en el...	a) ... (patriarcas, arzobispos y obispos), el presbiterado y el diaconado.
2. La Biblia describe la vocación como un...	b) ... crecimiento de la Iglesia y participar en la misión de Cristo.
3. El Papa, los obispos, los sacerdotes y los diáconos, son enviados por...	c) ... la imposición de manos del obispo sobre la cabeza del ordenado.
4. La vocación cristiana es la llamada que hace Jesucristo a...	d) ... Jesús, renuevan sus gestos, proclaman su Palabra y hacen crecer la Iglesia.
5. El Orden tiene tres grados u órdenes: el episcopado...	e) ... los obispos, los sacerdotes y los diáconos.
6. Tres vocaciones cristianas particulares son...	f) ... le hace cambiar de vida, descubrir y desarrollar su vocación humana y cristiana.
7. El Orden es el sacramento del ministerio o del servicio de...	g) ... diálogo de amor entre Dios y la persona.
8. Jesús es el que actúa en el Papa,...	h) ... cada cristiano para ser santo y construir el reino de Dios.
9. El rito principal para los tres grados del Orden es...	i) ... el sacerdocio, el matrimonio y la consagración en una familia religiosa.
10. La persona que se encuentra con Cristo, vive una experiencia de plenitud que...	j) ... los apóstoles, por el cual la misión confiada por Cristo a sus apóstoles continúa en la Iglesia.

Sobre el relato bíblico

2 El argumento del relato bíblico «La conversión y vocación de San Pablo» es...

3 Una enseñanza que he aprendido de este relato es...

Sobre el valor del servicio

4 ¿En qué consiste el valor de servir a Dios y a los demás?

5 ¿Qué tres servicios recibo de los demás? ¿Qué tres servicios puedo realizar por mis amigos y por mi familia?

Realiza en la web de Anaya la autoevaluación de esta unidad.

5

Jesucristo, moral y vida

Comenzamos

La conversión a Jesús promueve la vida humana

El sentido religioso del ser humano le hace buscar a Dios, principalmente en las experiencias más profundas de su vida. Dios responde a esta búsqueda y necesidad revelándose en la Historia de la Salvación. Lo hace de forma completa en su Hijo Jesús, el Mesías y Salvador prometido por Dios al pueblo de Israel. Por todo ello, en Jesucristo se cumple la Historia de la Salvación.

Después de su resurrección, las personas siguen encontrándose con Jesús. Y este encuentro personal con Él trasforma a la persona y le cambia su forma de vivir y comprender la historia, la vida, etc. La fe y conversión a Jesús lleva a comprometerse para acabar con los actuales atentados contra la vida humana. Así, los cristianos, transformados por el encuentro con Jesús, valoran y se comprometen a defender la vida humana, principalmente la vida de los más pobres e indefensos. Y, a practicar la moral cristiana de la vida humana.

- ¿Por qué en Jesucristo se cumple la Historia de la Salvación?
- ¿Qué sentirías si vivieras la situación de la imagen?

En esta unidad vas a estudiar

Jesucristo y la moral de la vida

- La moral católica sobre la vida humana.
- El relato bíblico «Caín y Abel».
- El valor de celebrar la vida.

Reflexionamos

Para situarnos

- **El hambre en el mundo.** Anna Romano, una joven italiana, descubrió que estaba embarazada, y que su novio ya estaba casado y tenía un hijo. Su pareja la abandonó y le aconsejó que abortara porque él no se iba a hacer cargo del bebé. Pero Anna decidió seguir con su embarazo y escribió una carta al papa Francisco, contándole su situación. Después, el papa la llamó por teléfono: «Esta llamada de pocos minutos cambió mi vida. El Papa me llamó y me dijo que había tenido mucho valor y había sido muy fuerte por haber decidido tener a mi hijo, incluso después de haber sido abandonada por su padre. Y me ha prometido que lo bautizará personalmente.

  »(...) Me dijo que había leído mi carta, que nosotros los cristianos no tenemos que dejar perder la esperanza. Cuando le dije que quería bautizar a mi hijo pero que tenía miedo de que no fuera posible por ser madre soltera y divorciada, el santo padre me dijo que él se ofrecía a imponer el sacramento a mi pequeño».

  Y Anna decidió que su hijo se llamará Francisco igual que el Papa. (*ABC*, 6 de septiembre de 2013).

- El **valor de ser madre.** Según la FAO (Organización de las Naciones Unidas para la Alimentación y la Agricultura): «En el período 2011-13 había un total de 842 millones de personas —alrededor de una de cada ocho personas en el mundo— aquejadas de hambre crónica, es decir, que habitualmente no comen lo suficiente para llevar una vida activa». (http://www.fao.org/publications/sofi/es/).

- **Estar vivo.** «Acaba de sonar mi despertador interior —sin mi permiso— a las 6.12 de la mañana. Mi primer momento de consciencia ha sido dar gracias a Dios por este don precioso de la vida que me va regalando. Hoy cumplo 53 años. (...) Para mí son los más especiales que he vivido. En este último año he tocado la posibilidad real de la muerte. ¡La he sentido muy de cerca! ¡Más cerca que nunca! (...) Poder abrir los ojos hoy a la vida de nuevo es una sensación muy apacible. ¡Gracias, Dios! Por esta nueva oportunidad que me concedes». (Alejandro F. Barrajón: ¡Me siento bendecido! Caminos de liberación, 2013, n.º 161).

Dialogamos

1 ¿Qué hecho te llama más la atención? ¿Por qué?

2 ¿Qué le dirías a Anna Romano? ¿Y a su «novio»? ¿Por qué?

3 ¿Qué puede hacer tu clase para solucionar estos problemas?

4 ¿Qué valores y comportamientos deben practicar los cristianos para defender la vida humana?

1 Experiencias humanas y cristianas

En el mundo actual crecen los atentados contra las personas: el hambre, el terrorismo, el alcoholismo, la eutanasia activa, el aborto, la experimentación con embriones humanos sin control ético, las drogas, la esclavitud de millones de personas, etc. Estas situaciones desarrollan la «cultura de la muerte», porque destruyen y deshumanizan la vida humana.

El encuentro personal y la conversión a Cristo transforma al cristiano y le lleva a promover la «cultura de la vida»: una civilización del amor y una moral de la vida basada en la bioética y en valores universales y religiosos de la vida humana, la dignidad humana, etc. El siguiente testimonio muestra el compromiso por la «cultura de la vida», que surge de la conversión a Dios, y a su Hijo Jesús.

1.1 Miriam Fernández y su compromiso con la vida

Miriam Fernández nació con parálisis cerebral. Es hija biológica de una madre adolescente y fue adoptada por una familia numerosa. Al nacer, los médicos dijeron que nunca podría caminar. Hoy, gracias a su fe en Dios y al apoyo de su familia, es capaz de andar con la ayuda de un andador, y utiliza su discapacidad para crecer como persona y como «herramienta para hacer felices a los demás».

¿Sabías que...?

La conversión cristiana

La palabra «conversión» significa «cambio de vida y mentalidad» (Mc 1, 14). La persona se convierte a Jesús cuando se encuentra con Él, tiene fe en Él, practica su mensaje, quiere parecerse a Él y vivir sus mismos sentimientos y valores. La meta de la conversión es llegar a ser santos como Dios (Mt 5, 48). Jesús es el mayor ejemplo y camino para llegar a ser santos (Jn 14, 6).

Miriam Fernández participando en un programa radiofónico.

En 2008 ganó la segunda edición del programa televisivo «Tú sí que vales». La canción con la que ganó tuvo 1,6 millones de reproducciones en YouTube. Y con 20 años, hizo realidad su sueño de sacar un disco: *Bailando bajo la lluvia*. Ella escribió todas las letras, que están dedicadas a la esperanza, a su padre fallecido, a las embarazadas que están desprotegidas y a valorar cada día de nuestra vida.

Así se convirtió en una artista famosa. Pero no se dejó llevar por la fama y siguió comprometiéndose a defender la vida humana. Por ello, en sus canciones, entrevistas y actividades que realiza, enseña valores para superar las discapacidades. Y, sobre todo, comunica mensajes de esperanza, optimismo y ganas de vivir.

En una entrevista declaró: «En mi vida he pasado momentos duros, como la muerte de mi padre, la de mi hermano. Son momentos de preguntarle a Dios "¿por qué?". Pero al final de todas las oscuridades siempre he visto luz, he visto que todo sirve para algo, que Dios no manda nada que no podamos soportar. Todos tenemos dones para servir a los demás.

»En mi disco, canto *Siempre hay algo mejor por llegar*. Hay momentos en que digo: "Dios, este asunto lo pongo en tus manos", y eso me da fuerza. Dios está ahí, no quiere nada malo para nadie. En esta sociedad, y a estas edades, hay que seguir creyendo.

»Quisiera que mi música, aunque es movida, sirviese también para hacer silencio y reflexionar. (...) De niña cantaba en el coro de la parroquia. La música fue mi salvación en una infancia dura, cuando otros niños se reían de mí. Seguí cantando y vi que no es lo mismo cantar porque sí que hacerlo sabiendo que así ayudas a los demás. (...) Si una embarazada escucha mis canciones y le dan esperanza y eso salva a su hijo, todas las críticas que me hagan me habrán dado igual».

(*La Razón,* 3 de diciembre de 2010).

Actualmente, Miriam Fernández colabora en diferentes ONG y proyectos solidarios a favor de la vida humana. Un ejemplo es su participación en el Congreso «Lo que de Verdad Importa», celebrado en A Coruña en 2012 y cuyo testimonio se puede ver en YouTube: «Miriam Fernández en "Lo que de verdad importa"».

¿Sabías que...?

La conversión cristiana y la iglesia

«Jesús llama a la conversión. Esta llamada es una parte esencial del anuncio del Reino: "El tiempo se ha cumplido y el Reino de Dios está cerca; convertíos y creed en la Buena Nueva" (Mc 1,15). En la predicación de la Iglesia, esta llamada se dirige primeramente a los que no conocen todavía a Cristo y su Evangelio. Así, el Bautismo es el lugar principal de la conversión primera y fundamental. (...)

La llamada de Cristo a la conversión sigue resonando en la vida de los cristianos. Esta segunda conversión es una tarea ininterrumpida para toda la Iglesia». (Catecismo de la Iglesia católica. 1997, nº 1427 y 1428).

Comprende, piensa, investiga...

1 **Diferenciar.** Escribe tres comportamientos actuales que desarrollan la «cultura de la muerte». Y otros tres comportamientos que defienden la «cultura de la vida». Después, ordénalos de mayor a menor importancia.

2 ¿En qué hecho y pensamiento de Miriam Fernández se expresa su conversión a Dios? ¿Por qué?

3 ¿Qué hace actualmente para construir la cultura de la vida?

4 ¿Qué te enseña este testimonio sobre la vida humana?

5 **Investigar.** En pareja, escribid una definición de «conversión cristiana». Después, buscad una biografía de un convertido a Dios y a Cristo, e investigad qué cambios han ocurrido en su vida. Después, presentad a la clase vuestro trabajo.

6 Busca en Internet y visita y comenta la web y la canción de Miriam Fernández: «Un nuevo día».

7 Realiza en la web de Anaya la actividad del apartado «Comenzamos a reflexionar» de esta unidad.

2 La moral católica de la vida humana

En la sociedad actual existe una falta de valores y de virtudes morales. Por ello, muchas personas interpretan la vida humana desde el **relativismo ético y moral:** todo es bueno o malo según mi propio egoísmo y libertinaje (Gal 5, 3-15). Por su parte, **la Iglesia y los cristianos, la valoran desde su fe y conversión a Cristo,** desde la moral católica de la vida humana y la misión salvadora de Jesús: «Yo he venido para dar vida a los hombres y para que la tengan en plenitud» (Jn 10, 10).

2.1 Interpretación católica de la vida humana

La moral católica de la vida humana es la dimensión más importante de la moral católica general. Esta moral se basa en:

- La fe cristiana: «Creo en un solo Dios, Padre todopoderoso, Creador del Cielo y de la tierra, de todo lo visible y lo invisible. (...) Creo en el Espíritu Santo, Señor y dador de vida. (Credo niceno).
- La fe en Jesucristo, en su resurrección y en la vida eterna. Jesús dedicó su vida a defender la vida humana. Realizó muchas curaciones que devolvieron la salud y la dignidad a multitud de enfermos. Hizo milagros que restituyeron la vida a personas muertas. Resucitó y enseñó cómo vivir eternamente: «Yo soy la resurrección y la vida: el que cree en mí, aunque haya muerto, vivirá» (Jn 11, 25-26).
- El quinto mandamiento: «No matarás» (Éx 20, 13).
- Las orientaciones que propone el magisterio de la Iglesia católica sobre la vida humana y su problemática actual.
- Los valores, las virtudes, los principios éticos y los comportamientos morales a favor de la vida, que el cristiano debe conocer y practicar.

Inmigrantes ilegales rescatados en alta mar por el servicio de Salvamento Marítimo de la isla de El Hierro (Canarias).

2.2 Valores y principios éticos cristianos

Los siguientes principios éticos son los criterios generales que ayudan al católico a diferenciar los buenos comportamientos de los malos, los valores de los antivalores, y a saber comportarse ante situaciones de defensa o de destrucción de la vida humana.

- El derecho a la vida. Es el primero y el más importante de todos los valores y derechos humanos. Y ello, por la dignidad y el valor incomparables que posee cada persona por sí misma.
- La vida humana es una realidad sagrada para los cristianos, porque es una creación y un regalo de Dios. Debemos cuidarla y transmitirla con responsabilidad y amor. Desde la concepción hasta la muerte, todos los momentos de la vida humana tienen un valor absoluto.
- El cristiano debe respetar, defender y amar toda vida humana. Especialmente, la vida de los más indefensos: fetos, recién nacidos, enfermos, minusválidos, ancianos, moribundos, etc. También, debe denunciar los comportamientos y las leyes que atentan contra la vida.

2.3 Comportamientos morales cristianos

Algunos comportamientos morales a favor de la vida humana que el cristiano debe practicar son:

- Participar en la creación de centros de ayuda para personas que se encuentran en circunstancias difíciles en su propia vida.
- Acoger y adoptar bebés, niños, adolescentes, minusválidos y ancianos que se encuentran sin familia y abandonados por la sociedad.
- Colaborar con algunas ONG de ayuda a la vida, donar órganos, etc.
- Votar y apoyar partidos políticos que defiendan la vida humana.
- Desarrollar la ética en la investigación médica y en la formación profesional del personal que trabaja en la sanidad.

¿Sabías que...?

El derecho a la vida es el principal valor y derecho humano: «Todos tienen derecho a la vida y a la integridad física y moral, sin que en ningún caso, puedan ser sometidos a tortura ni a penas o tratos inhumanos o degradantes». (Constitución Española. 1978. Art. 15). «Todo individuo tiene derecho a la vida, a la libertad y a la seguridad de su persona». (Declaración Universal de los Derechos Humanos, ONU. 1948. Art. 3).

Un principio ético de la moral católica: «La eliminación directa y voluntaria de un ser humano inocente es siempre gravemente inmoral (...). La decisión de privar a un ser humano inocente de su vida es siempre mala desde el punto de vista moral y nunca puede ser lícita ni como fin, ni como medio para un fin bueno». (San Juan Pablo II (1920-2005): Encíclica *Evagelium vitae» —El evangelio de la vida—*. 1995, n.º 57).

Comprende, piensa, investiga...

1 Escribe en tu cuaderno una frase con cada grupo de palabras:

a) vida - humana - relativismo - moral.

b) características - moral - católica - vida - humana.

2 **Explicar.** Elige y explica con tus palabras un principio ético de la moral católica de la vida humana.

3 Pon un ejemplo de un comportamiento cristiano a favor de la vida humana.

4 Resume y explica con un ejemplo la principal idea de esta doble página.

5 **Demostrar.** Responde a la siguiente opinión, con información y argumentos:

«La Iglesia no debe informar sobre su moral de la vida humana. Cada persona, con su cuerpo, puede hacer lo que quiera: decidir sobre su vida o la vida del feto».

6 En pareja, consultad en Internet los materiales de la última «Jornada por la Vida» y contestad a las preguntas:

a) ¿Qué os llama más la atención?

b) ¿Qué propone para defender la vida humana?

7 Realiza en la web de Anaya la actividad interactiva de esta unidad.

3 Aprendo de la Biblia: Dios es vida

El siguiente relato se narra en el Antiguo Testamento, en el libro del Génesis, que terminó de redactarse en el siglo V a. C.

En aquel tiempo, los israelitas ofrecían animales y frutos a Dios (Éx 23, 19), para agradecerle la vida que regala para ser felices (Deut 30, 15, 19).

3.1 Caín y Abel (Gén 4, 1-16)

«Adán conoció a Eva, su mujer, que concibió y dio a luz a Caín. Y ella dijo: "He adquirido un hombre con la ayuda del Señor". Después dio a luz a Abel, su hermano. Abel era pastor de ovejas, y Caín cultivaba el suelo.

»Pasado un tiempo, Caín ofreció al Señor dones de los frutos del suelo; también Abel ofreció las primicias y la grasa de sus ovejas. El Señor se fijó en Abel y en su ofrenda, (...) Caín se enfureció y andaba abatido. El Señor dijo a Caín: "¿Por qué te enfureces y andas abatido? ¿No estarías animado si obraras bien?; pero, si no obras bien, el pecado acecha a la puerta y te codicia, aunque tú podrás dominarlo".

»Caín dijo a su hermano Abel: "Vamos al campo". Y cuando estaban en el campo, Caín atacó a su hermano Abel y lo mató.

Caín y Abel, litografía coloreada de comienzos del siglo XIX, perteneciente a la colección de veinticuatro escenas bíblicas realizadas por Schnorr von Carolsfeld.

»El Señor dijo a Caín: "¿Dónde está Abel, tu hermano?". Respondió Caín: "No sé; ¿soy yo el guardián de mi hermano?". El Señor le replicó: "¿Qué has hecho? La sangre de tu hermano me está gritando desde el suelo. Por eso te maldice ese suelo que ha abierto sus fauces para recibir de tus manos la sangre de tu hermano. Cuando cultives el suelo, no volverá a darte sus productos. Andarás errante y perdido por la tierra". Caín contestó al Señor: "Mi culpa es demasiado grande para soportarla. Puesto que me expulsas hoy de este suelo, tendré que ocultarme de ti, andar errante y perdido por la tierra, y cualquiera que me encuentre me matará". El Señor le dijo: "El que mate a Caín lo pagará siete veces".

»Y el Señor puso una señal a Caín para que si alguien lo encontraba, no lo matase. Caín salió de la presencia del Señor y habitó en Nod, al este de Edén».

3.2 Quiénes son los protagonistas

- **Caín.** Significa 'posesión' o 'lamentación'. Probablemente, era un antepasado epónimo de los cainitas, antiguos habitantes de Canaán (Núm 24, 21), que el autor bíblico trasladó a los orígenes de la humanidad.
- **Abel.** Significa 'hijo' o 'pasajero'. En el Nuevo Testamento, es modelo de fe (Heb 11, 4) y ejemplo de mártir (Mt 23, 35).

3.3 Para interpretar correctamente el relato

El relato trata sobre el primer fratricidio. Las expresiones sobre la maldición de la tierra, la falta de frutos y la expulsión a otra tierra significan que la violencia producida por Caín se vuelve contra él. Y la señal con que es marcado manifiesta su crimen y simboliza la misericordia y protección de Dios para evitar que le maten por venganza.

3.4 Qué nos enseña para la vida diaria

El relato enseña que Dios ama y protege la vida humana —incluso la de Caín—; y propone el mandamiento: «No matarás» (Éx 20, 13), para que las personas vivan como verdaderos hermanos. También, que los antivalores de los celos, la envidia y la codicia son consecuencias del pecado original, llevan a la ruptura entre los hermanos de una misma familia y, en algunos casos, al crimen.

Comprende, piensa, investiga...

1 Completa en tu cuaderno la ficha del relato:

a) Título del relato.

b) Argumento.

c) Datos de los personajes.

d) Datos para interpretar correctamente el relato.

e) Frase o hecho que más me ha llamado la atención.

f) Enseñanza y valores del relato que más necesita la sociedad actual.

2 **Diferenciar.** Consulta los Diez Mandamientos y escribe cuáles cumplen y cuáles incumplen Abel y Caín.

3 Busca en Internet un juego sobre la Biblia y comprueba tu cultura sobre los libros y personajes bíblicos.

Taller de inteligencias múltiples

Mi inteligencia espiritual

La espiritualidad mejora la vida humana

Meditar sobre las enseñanzas de la Biblia ayuda a convertirse y desarrollar la dimensión espiritual. Cuanto más se desarrolla la espiritualidad más se ama y cuida la propia vida y la de los demás; y más se evita dañar el propio cuerpo. Por ejemplo, provocar la muerte por las drogas.

Investiga y reflexiona

1 **Reconocer.** En pareja, consultad cada cita en una Biblia impresa u online. Después, contestad cada pregunta. http://www.vatican.va/archive/ESL0506/_INDEX.HTM

Dios nos regala la vida para vivirla

a) Gen 1, 26-27: ¿Por qué toda persona debe cuidar su vida y su salud?

b) Jn 11, 25: ¿Qué le ocurre a la persona que cree en Jesucristo?

c) Sal 25, 20: ¿Qué se pide a Dios en este versículo?

d) Sab 1, 12-16: ¿Quiénes se hacen «amigos» de la muerte?

e) Sab 3, 1-3: ¿Qué les ocurrirá a las personas justas después de morir?

f) 1 Jn 3, 14: ¿Por qué se pasa de una situación parecida a la muerte a una situación de verdadera vida?

2 Elige una palabra de las citas que habéis leído. Cierra los ojos y quédate en silencio. Después, relájate, repitiendo en tu interior y durante un minuto, la palabra elegida. Al terminar, puedes contar tu experiencia a la clase.

Aplica y toma conciencia

3 Leed el texto y contestad:

a) ¿Qué sentimiento te produce? ¿Por qué?

b) ¿Qué le dirías a una persona para que evite las drogas y cuide su salud?

La muerte de las drogas

El siguiente testimonio es de un drogadicto que logró salvar la vida con la ayuda de un centro de la Iglesia: «Soy tímido, y me dijeron que con las drogas se quitaba la timidez y eres muy lanzao. Ese fue el principio de mi enganche, empecé inyectándome heroína entonces alternaba el robo con el trabajo. Estuve 5 años ocultando a mis padres mis fechorías. (...) A los 24 me cogió la policía, había hecho unos 60 atracos o más; todo el dinero que sacaba lo gastaba en drogas. (...) Me condenaron a doce años. (...) Siempre le pedía a Dios que me ayudará y aunque me cueste reconocerlo se y siento que me ayudó y me sigue ayudando». (Jaime Garralda: Dios en la cárcel. DDB, Bilbao, 2008, págs. 134-135).

Mi inteligencia emocional

El sentimiento de vivir

El sentimiento de vivir consiste en experimentar la propia vida como el mayor bien, valor y regalo. Es sentir la necesidad de aprovechar nuestra vida para ser feliz con Dios, con los demás y con uno mismo.

Lee y toma conciencia

1 Explicar. Lee y contesta:

El amor a la vida humana

«Se nos pide amar y respetar la vida de cada hombre y de cada mujer, y trabajar con constancia y valor, para que se instaure finalmente en nuestro tiempo, marcado por tantos signos de muerte, una cultura nueva de la vida, fruto de la cultura de la verdad y del amor. (...) Toda la sociedad debe respetar, defender y promover la dignidad de cada persona humana, en todo momento y condición de su vida». (San Juan Pablo II (1920-2005): Carta encíclica *Evangelium vitae* —El evangelio de la vida—, 1995, núms. 77 y 81).

a) ¿Qué pide el papa Juan Pablo II?

b) ¿Qué debe promover la sociedad?

c) ¿Qué sientes y haces por tu vida?

Expresa tus vivencias

2 Escribe una poesía para dar gracias por tu vida: ¿Cómo consideras tu vida? ¿Qué haces para vivirla plenamente? ¿Cómo puedes evitar «la cultura de la muerte» y morir lentamente cada día? ¡Ayúdate del ejemplo!

Poesía ¡Vive hoy!

Muere lentamente quien no viaja,
quien no lee, quien no escucha música,
quien no halla encanto en sí mismo.
Muere lentamente quien destruye su amor propio, quien no se deja ayudar.
Muere lentamente quien se transforma en esclavo del hábito,
repitiendo todos los días los mismos senderos,
quien no cambia de rutina,
no se arriesga a vestir un nuevo color
o no conversa con desconocidos.
Muere lentamente quien evita una pasión y su remolino de emociones,
aquellas que rescatan el brillo en los ojos y los corazones decaídos.
Muere lentamente quien no cambia de vida cuando está insatisfecho con su trabajo o su amor.
Quien no arriesga lo seguro por lo incierto para ir detrás de un sueño.
Quien no se permite al menos una vez
en la vida huir de los consejos sensatos.
¡Vive hoy! ¡Haz hoy! ¡Arriesga hoy!

(Adaptación de la poesía «Muere lentamente», de Martha Medeiros y atribuida, equivocadamente, a Pablo Neruda: http://parrafeando.wordpress.com/2009/04/14/muere-lentamente-martha-medeiros/).

Consulta el vídeo «"It dies slowly" - Muere lentamente (Pablo Neruda) HD VIDEO» en: http://www.youtube.com/watch?v=LEyDyIOyT9Q

Mis valores humanos y cristianos

El valor de celebrar la vida

El valor de celebrar la vida consiste en dar gracias en grupo por la vida en general y, principalmente, por la nuestra propia. Es valorar y defender toda vida humana. Es dar gracias a Dios por el regalo de estar vivo.

Prepara el disco-fórum

1 Lee y contesta:

a) ¿Qué dice el YOUCAT sobre la vida humana?

b) ¿Qué dice el cantante Axel sobre Dios?

La vida humana es sagrada

«Atentar contra la vida es un crimen ante Dios. La vida humana es sagrada, es decir, pertenece a Dios, es una propiedad. Incluso nuestra propia vida únicamente nos está confiada. Dios mismo nos ha dado la vida; solo Él puede tomarla de nuevo». (YOUCAT, Catecismo joven de la Iglesia Católica, 2011, n.º 378).

El cantante argentino Axel, cantó ante el papa Francisco y más de tres millones de personas, en la Jornada Mundial de la Juventud de 2013. En su web escribió lo siguiente: «De chico aprendí que hay un ser que se apiada de mí, y me ampara. Que la religión del amor no le da nombre a Dios, solo lo ama».

2 Escucha la canción de «Celebra la vida» que interpretan juntos Axel y David Bustamante y contesta en tu cuaderno a las preguntas:

a) ¿Qué sientes al escucharla?

b) ¿De qué trata su letra?

c) ¿Qué frase te gusta más? ¿Por qué?

d) ¿Qué valores te enseña la canción?

3 **Diferenciar.** Compara el texto de la canción con el texto del YOUCAT.

a) ¿En qué se parecen y en qué diferencian?

b) ¿Qué te enseñan los dos textos para celebrar la vida?

Participa en el disco-fórum

4 Dialoga en el debate con tus respuestas escritas y espontáneas.

***Celebra la vida,* de Axel**

No sé si soñaba,
no sé si dormía,
y la voz de un ángel
dijo que te diga:
celebra la vida
Piensa libremente,
ayuda a la gente,
y por lo que quieras,
lucha y sé paciente.
Lleva poca carga,
a nada te aferres
porque en este mundo,
nada es para siempre.
Búscate una estrella,
que sea tu guía,
no hieras a nadie,
reparte alegría.

Celebra la vida, celebra la vida,
que nada se guarda,
que todo te brinda.
Celebra la vida, celebra la vida,
segundo a segundo y todos los días.

Y si alguien te engaña
al decir «Te quiero»,
pon más leña al fuego
y empieza de nuevo.
No dejes que caigan,
tus sueños al suelo,
que mientras más amas,
más cerca está el Cielo.
Grita contra el odio,
contra la mentira,
que la guerra es muerte,
y la paz es vida.

He aprendido

Sobre Jesucristo, moral y vida humana

1 **Diferenciar.** Escribe en tu cuaderno el número de cada afirmación y las dos palabras incorrectas que hay en ella.

1. En Abel se cumple la Historia de la Salvación por su muerte y por ser la mayor revelación de Dios en la historia.
2. La moral ciudadana de la vida humana está relacionada con la misión salvadora de Abel.
3. El cristiano debe respetar, condenar y amar toda vida humana, especialmente, la vida de los más fuertes.
4. La moral budista de la vida humana se basa en la fe en Jesucristo, en su resurrección y en la vida diaria.
5. La vida humana es una realidad sagrada para los ciudadanos porque es una casualidad y un regalo de Dios.
6. La fe y conversión a Jesús lleva a comprometerse para defender y promover la vida animal, especialmente de los más poderosos.
7. La persona se convierte a Jesús cuando se encuentra con Él, tiene fe en Él, vive sus mismos miedos y practica su mensaje y antivalores.
8. Acoger y adoptar bebés, niños o ancianos sin familia son comportamientos anticristianos a favor de la ciudad humana.

Sobre el relato bíblico

2 El argumento del relato bíblico «Caín y Abel» es...

3 El relato enseña sobre Dios... y sobre la vida humana...

Sobre el valor de la vida

4 **Explicar.** ¿En qué consiste celebrar la vida?

Realiza en la web de Anaya la autoevaluación de esta unidad.

Virgen con el Niño y santas, obra del pintor renacentista veneciano Giovanni Bellini, en la que se representa a la Virgen y al Niño acompañados de las santas Magdalena y Úrsula (Museo del Prado, Madrid).

6

Jesucristo, moral y consumo

Comenzamos

La fe en Jesús mejora los comportamientos

El ser humano desea y busca encontrarse con Dios. A esta búsqueda humana, Dios responde manifestándose en la Historia de la Salvación, y de forma completa en su Hijo, Jesús.

La persona que se encuentra con Jesús y tiene fe en Él desarrolla una nueva forma de comportarse ante los problemas actuales. Por ejemplo, ante las consecuencias negativas del actual consumismo insolidario y egoísta, que deshumaniza a las personas y destruye el planeta Tierra.

Para resolver esta situación, el cristiano debe practicar la moral cristiana del consumo. También debe colaborar con personas no creyentes y de otras religiones para, juntos, practicar valores como el compartir, la austeridad, la generosidad y el consumo solidario y ecológico. Así, los cristianos, transformados por el encuentro con Jesús, se comprometen a practicar la moral cristiana del consumo.

- ¿Qué hacen los cristianos, transformados por el encuentro con Jesús, ante el consumismo actual?
- ¿Qué título con la palabra «consumo» pondrías a esta imagen?

En esta unidad vas a estudiar

Jesucristo y la moral cristiana del consumo

- La moral de la Iglesia católica sobre el consumo.
- El relato bíblico «La multiplicación de los panes y los peces».
- El valor de la caridad.

Reflexionamos

Para situarnos

- **Peligros del consumo.** La organización mundial conservacionista WWF advierte de los peligros del consumo compulsivo: la mayor pobreza de las personas y los pueblos, el destrozo del medio ambiente, la extinción de especies animales, etc. Y demuestra que, de seguir este consumismo derrochador e irresponsable, se necesitarían cinco planetas para abastecer a toda la población.

  (Más información en: http://www.wwf.es/).

- **Gastos en publicidad.** En España, en 2011, la inversión real estimada que registró el mercado publicitario se situó en un volumen de 12 061 millones de euros.

  (http://www.infoadex.es/Resumen_Estudio_Inversiones_InfoAdex_2012.pdf).

- **Un anuncio solidario.** En 2013, se realizó uno de los más bellos anuncios de la historia. En una semana recibió 5 millones de visitas en YouTube. El vídeo cuenta la historia de un niño al que sorprenden robando medicamentos en una farmacia para su madre enferma. La dueña le regaña y le abofetea. Al ver esta situación, el dueño de un bar le paga los medicamentos robados y le regala comida para su familia.

  Pasan 30 años, el dueño del bar cae enfermo y su hija no puede pagar el tratamiento médico. Entonces, el niño pobre, convertido en médico, le paga los gastos y le salva la vida. Así, le devuelve su generosidad y el favor que le había hecho.

  (El vídeo «El Anuncio que Emociona al Mundo por "True Move H"» en: https://www.youtube.com/watch?v=BYiRq2dTEX4).

Dialogamos

1. ¿Qué destacarías de estas noticias?
2. ¿Por qué se destina tanto dinero a la publicidad?
3. ¿Qué te enseña la historia del vídeo?
4. ¿Qué puedes comentar de la moral de los cristianos sobre el consumo?

1 Experiencias humanas y cristianas

Hoy día, existe un gran consumismo (consumir de forma egoísta, excesiva e insolidaria) que destruye la tierra, provoca el hambre en el mundo, deshumaniza a millones de personas y favorece antivalores como la avaricia (vicio moral y deseo desmedido por acaparar cosas).

El siguiente relato enseña las consecuencias negativas del consumismo y la necesidad de aprender a practicar la caridad y consumir de forma moral, ecológica y solidaria.

1.1 Cuento: «La ciudad de los pozos»

Érase una ciudad en medio del desierto, formada por pozos donde vivían sus habitantes. Los pozos se diferenciaban por el lugar en que estaban excavados y por el brocal (la abertura que los conectaba con el exterior). Había todo tipo de pozos: pozos ricos con brocales de oro; pozos pobres con brocales de madera; pozos miserables, sin brocal, solamente con un agujero que se abría en la tierra.

Una vez, llegó a la ciudad una moda: «Si quieres ser feliz, llena tu pozo de cosas». Lo importante de esta moda era tener y decorar el pozo. Y enseguida los pozos se llenaron de objetos: joyas, dineros, televisores, ordenadores, coches, ropas, móviles...

¿Sabías que...?

Dios y los bienes

«Dios ha destinado la tierra y cuanto ella contiene para uso de todos los hombres y pueblos. En consecuencia, los bienes creados deben llegar a todos en forma equitativa bajo la égida de la justicia y con la compañía de la caridad». (Concilio Vaticano II (1962-1965): Constitución Pastoral Gaudium et spes —sobre la Iglesia en el Mundo actual—, n.º 69).

Muy pronto, la mayoría de los habitantes se dejó llevar por la codicia. Y como ya no cabía nada más en los pozos, decidieron ensancharlos para poder seguir comprando y acumulando objetos. Pero cuanto más compraban y agrandaban sus pozos, menos compartían, menos se comunicaban y más tristes estaban sus habitantes.

Al ver esta situación, el habitante de un pozo alejado de la ciudad pensó: «Esta "moda" no es buena. ¿Qué pasaría si en vez de ensanchar mi pozo, me dedicara a buscar la felicidad en mi interior? ¿Qué pasaría si buscara en lo profundo de mi pozo?».

Para lograrlo, regaló muchas de las cosas que tenía y excavó hacia el fondo de su pozo. Un día, encontró un manantial de agua. Salió de su pozo y comunicó la noticia a los otros habitantes vecinos, pero nadie le creyó. Paseó por la ciudad y se llevó una gran desilusión: sus habitantes eran tan egoístas que solo vivían para tener, comprar e ir a la última moda. Y lo más triste: nadie cuidaba la naturaleza.

Después, se dedicó a sembrar semillas y a regarlas con su agua. Pasó el tiempo y alrededor de su pobre pozo creció un bosque con bonitos pájaros, mariposas, ardillas... Y cada vez se sentía más feliz y necesitaba menos cosas para vivir.

Al ver todo esto, algunos se atrevieron a salir de sus lujosos pozos y le preguntaron:

—¿Qué milagro es este? ¿Por qué estás tan feliz?

—No es un milagro. ¡Practicad el valor de la caridad con los más pobres! ¡Compartid vuestras cosas! ¡Cavad en lo profundo de cada pozo! ¡Buscad la respuesta en vuestro interior! ¡Así seréis felices! —les respondió.

Al escucharle, muchos se rieron de él. Compraron más cosas. Se volvieron a sus pozos y siguieron ensanchándolos. Pero otros hicieron caso a sus palabras. Escucharon a su corazón. Decidieron dejar de ser codiciosos y aprender a compartir. Regalaron parte de sus bienes. Excavaron y encontraron agua de un gran manantial subterráneo que estaba debajo de todos los pozos.

Y gracias a los habitantes que siguieron el buen ejemplo «La ciudad de los pozos» se convirtió en «La ciudad del compartir»: una ciudad que cuida la naturaleza, ayuda a los más pobres y enseña que para ser feliz es más importante «ser persona» que «tener cosas».

(Jorge Bucay: *El camino de la espiritualidad.* Randon House Mondadori, Barcelona, 2013, págs. 69-72. Adaptación).

¿Sabías que...?

¿Tener cosas o ser persona?

«No es malo el deseo de vivir mejor, pero es equivocado el estilo de vida que se presume como mejor cuando está orientado a tener y no a ser, y que quiere tener más no para ser más, sino para consumir la existencia en un goce que se propone como fin en sí mismo. Por esto es necesario esforzarse por implantar estilos de vida a tenor de los cuales la búsqueda de la verdad, de la belleza y del bien, así como la comunión con los demás hombres para un crecimiento común, sean los elementos que determinen las opciones del consumo, de los ahorros y de las inversiones». (San Juan Pablo II (1920-2005): Carta Encíclica: Centesimus annus —La problemática social hoy—. 1991, n.º 36).

Comprende, piensa, investiga...

1 ¿Qué consecuencias tiene el consumismo?

2 ¿Qué responderías a la pregunta y al texto del Papa? ¿Por qué opinas así?

3 ¿Por qué «La ciudad de los pozos» se convirtió en «La ciudad del compartir»?

4 ¿Qué te enseña este cuento?

5 Imagínate que tienes que vivir un año en una isla desierta. Solo puedes pedir un deseo y llevarte un objeto. ¿Qué pedirías? ¿Qué te llevarías? ¿Por qué?

6 **Solucionar.** Busca en Internet el juego de Manos Unidas «Un juego peligroso» y aprende a conocer y a solucionar los problemas del mundo actual.

7 Realiza en la web de Anaya la actividad del apartado «Comenzamos a reflexionar» de esta unidad.

2 La moral católica del consumo

Parte de la población actual solo vive para consumir y poseer. Esta situación produce enfermedades mentales, injusticias con los necesitados y es un pecado personal y social. La moral de la Iglesia enseña a saber analizar esta situación, da respuestas a los interrogantes que plantea y enseña a consumir de forma solidaria, ecológica y cristiana.

2.1 El encuentro con Cristo cambia la vida

En los creyentes, la experiencia religiosa o la fe en Dios conlleva desarrollar determinados principios éticos, valores y comportamientos morales. Y ello, porque la fe se debe practicar en la vida diaria, aunque la fe no se reduce a practicar una moral. El cristiano, por su fe, se siente unido a Cristo y vive que pertenece a Él. Esta unión, encuentro y relación personal con Cristo le lleva a una nueva forma de comportarse en su vida personal, social, moral... Quien es amigo de Jesús y le pertenece, debe parecerse a Él (1 Jn 2, 6), seguir su ejemplo de vida (1 Ped 2, 21) y demostrar su fe con buenos comportamientos (Sant 2, 18). En la historia de la Iglesia, en Internet y en nuestro entorno podemos descubrir las consecuencias, que en la vida de diversos cristianos, ha supuesto el encuentro con Cristo. En el santoral de la Iglesia católica encontramos multitud de ejemplos.

2.2 Características

La moral católica del consumo es una dimensión, o moral particular, de la moral personal y social del católico, como lo son la moral cristiana de la vida humana, del tráfico, etc. Sirve para resolver los problemas que produce el consumismo y se basa en:

- Las enseñanzas de la Biblia. Por ejemplo, los bienes han sido creados por Dios y son buenos (Gén 1, 31).
- El ideal de compartir los bienes que propone Jesús de Nazaret (Lc 3, 11).
- El décimo mandamiento: «No codiciarás los bienes de tu prójimo» (Éx 20, 17), que prohíbe la envidia y la avaricia, y propone obtener los bienes por medios justos.
- Las enseñanzas del magisterio de la Iglesia sobre el consumo, para educar a los católicos como consumidores ecológicos y solidarios. Un ejemplo: «Lo que manda hoy no es el hombre: es el dinero. (...) Hombres y mujeres son sacrificados a los ídolos del beneficio y del consumo: es la "cultura del descarte". (...) Las personas son descartadas, como si fueran residuos. (...) El consumismo nos ha inducido a acostumbrarnos a lo superfluo y al desperdicio cotidiano de alimento.

2.3 Principios y valores cristianos

Los siguientes principios éticos y valores sirven a los cristianos para saber comportarse moralmente como consumidores:

- El cristiano, como todo buen ciudadano, debe cumplir las leyes civiles de consumo ecológico, que respetan la naturaleza, y de consumo justo, que promueven la solidaridad con los pobres.

¿Sabías que...?

Solidaridad y consumo

«Desearía que todos asumiéramos el grave compromiso de respetar y custodiar la Creación, de estar atentos a cada persona, de contrarrestar la cultura del desperdicio y del descarte, para promover la cultura de la solidaridad y del encuentro» (Papa Francisco: Audiencia general. Ciudad del Vaticano, 5 de junio de 2013).

Interior de una tienda de «comercio justo» de Intermón Oxfam.

- El cristiano debe consumir y tener bienes, no solo para poder vivir dignamente, sino también para crecer como ser humano, promover la dignidad humana y la igualdad entre las personas, experimentar la felicidad verdadera, dar gracias a Dios y encontrar la salvación definitiva.
- El cristiano debe consumir desde los valores humanos y cristianos del compartir, de la austeridad, de la bondad, de la sencillez, etc.

2.4 Comportamientos morales y cristianos

Los principales comportamientos morales y cristianos son:

- Compartir generosamente con los más necesitados los bienes superfluos e, incluso, los necesarios para uno mismo.
- Participar en asociaciones y cooperativas de consumo moral, de defensa del consumidor, de ayuda a países pobres, etc.
- Utilizar los medios de comunicación social de la Iglesia (televisión, radio, Internet, etc.) para educar la conciencia de forma cristiana y consumir sin dejarse manipular por la publicidad, las modas, etc.

Comprende, piensa, investiga...

1 En pareja, presentad y explicad a la clase el apartado que os asigne el profesor o la profesora. Poned ejemplos actuales. El resto, en pareja, escribid dos preguntas sobre el tema para formulárselas a las parejas que explican el tema.

2 Copia y completa en tu cuaderno cada frase con un comportamiento de la moral católica del consumo que sirva para solucionar algún problema actual.

a) Si fuera presidente del Gobierno haría...

b) Si fuera director de una televisión haría...

c) Si fuera un personaje famoso haría...

d) Si fuera un católico haría...

3 **Investigar.** Busca en Internet algún texto, vídeo, santoral, clip o corto donde se describa las consecuencias que en la vida de un cristiano ha supuesto su encuentro con Cristo. Después, preséntalo a la clase.

4 Realiza en la web de Anaya la actividad interactiva de esta unidad.

3 La Biblia y mis competencias: El compartir como valor y solución

El siguiente relato pertenece al Nuevo Testamento, al Evangelio de San Marcos, que se redactó entre los años 40-50 d. C.

Narra un milagro de Jesús y un ejemplo del modo de resolver las grandes desigualdades sociales y económicas que existían en aquel tiempo.

3.1 La multiplicación de los panes y los peces (Mc 6, 30-44)

«Los apóstoles volvieron a reunirse con Jesús, y le contaron todo lo que habían hecho y habían enseñado. Él les dijo: "Venid vosotros a solas a un lugar desierto a descansar un poco". Porque eran tantos los que iban y venían que no encontraban tiempo ni para comer. Se fueron en barca a solas a un lugar desierto. Muchos los vieron marcharse y los reconocieron; entonces, de todas las aldeas fueron corriendo por tierra a aquel sitio y se les adelantaron. Al desembarcar, Jesús vio una multitud y se compadeció de ella, porque andaban como ovejas que no tienen pastor, y se puso a enseñarles muchas cosas.

»Cuando se hizo tarde, se acercaron los discípulos a decirle: "Estamos en despoblado y ya es muy tarde. Despídelos, que vayan a los cortijos y aldeas de alrededor y se compren de comer". Él les replicó: "Dadles vosotros de comer".

»Ellos le contestaron: "¿Vamos a ir a comprar doscientos denarios de pan para darles de comer?". Él les dijo: "¿Cuántos panes tenéis? Id a ver".

El milagro de los panes y los peces, litografía coloreada de comienzos del siglo XIX, perteneciente a la colección de veinticuatro escenas bíblicas realizadas por Schnorr von Carolsfeld.

»Cuando lo averiguaron le dijeron: "Cinco panes y dos peces". Él les mandó que la gente se recostara sobre la hierba verde en grupos. Ellos se acomodaron por grupos de cien y de cincuenta. Y tomando los cinco panes y los dos peces, alzando la mirada al cielo, pronunció la bendición, partió los panes y se los iba dando a los discípulos para que se los sirvieran. Y repartió entre todos los dos peces. Comieron todos y se saciaron, y recogieron las sobras: doce cestos de pan y peces. Los que comieron eran cinco mil hombres».

3.2 Quiénes son los protagonistas

- **Jesús.** Muestra que es verdadero Dios, a través del milagro, y verdadero hombre, que se preocupa de las necesidades de los demás. Y propone una solución estructural y moral: compartir en grupo la comida de cada uno de sus miembros.
- **Los apóstoles.** Solo tienen en cuenta sus cinco panes y dos peces, y proponen una solución materialista: ir a comprar alimentos.

3.3 Para interpretar correctamente el relato

Los Evangelios narran seis multiplicaciones semejantes. Este relato se basa en hechos históricos de Jesús y utiliza la simbología de los números para enseñar verdades cristianas.

Jesús es el nuevo Moisés, que alimenta milagrosamente en el desierto al nuevo pueblo de Israel. Él es el Salvador de los problemas de las personas. Y sus gestos y palabras, en este milagro, recuerdan a los de la Última Cena y a los de la Eucaristía.

3.4 Qué nos enseña para la vida diaria

Enseña a ver, juzgar y actuar, desde la fe en Dios, para solucionar los problemas derivados del consumismo. También, a desarrollar los valores de la generosidad, el compartir, el compromiso social y la pertenencia a grupos que reparten con los demás sus bienes y construyen una sociedad más solidaria con los pobres.

Comprende, piensa, investiga...

1 Copia y completa las frases en tu cuaderno:

a) El problema que describe el relato es...

b) La solución que propuso Jesús fue... y la de sus apóstoles fue...

c) La simbología que se utiliza en este relato es...

d) Este milagro muestra que Jesús es verdadero Dios, porque... y verdadero hombre porque...

e) Una enseñanza de este relato para consumir de forma moral y cristiana es...

2 **Investigar.** Busca cada una de las citas en una Biblia impresa o una Biblia online: http://www.vatican.va/archive/ESL0506/_INDEX.HTM y escribe en tu cuaderno cada una de las cinco citas con la frase que le corresponde.

2 Cor 8, 13-15 / 2 Tes 3, 10-15 / Hch 4, 34-37 / Sant 5, 1-6 / Hch 4, 32

1. Denunciar las riquezas conseguidas de forma injusta.
2. Tener en común todas las cosas.
3. Repartir según el principio de igualdad.
4. Hay que trabajar para colaborar y ayudar.
5. Repartir según la necesidad de cada persona.

Taller de inteligencias múltiples

Mi inteligencia espiritual

Espiritualidad, virtudes y pecados capitales

La Biblia contiene listas de pecados y virtudes (Ef 4, 25-32; 2 Ped 1, 5-9). La Iglesia católica los resume en los siete pecados capitales y en las siete virtudes para vencerlos. La espiritualidad se desarrolla practicando estas virtudes y evitando el consumismo y los siete pecados capitales, que enseñan diversos anuncios actuales.

emprender aprender

Analiza y critica un anuncio

1 Observad el recuadro y buscad en un diccionario el significado de las palabras que no entiendas. ¡Ayudaos del dibujo!

Los 7 pecados capitales	Las 7 virtudes para vencerlos
1. La soberbia.	1. La humildad.
2. La avaricia.	2. La generosidad.
3. La envidia.	3. La caridad.
4. La ira.	4. La paciencia.
5. La lujuria.	5. La castidad.
6. La gula.	6. La templanza.
7. La pereza.	7. La diligencia.

2 En pareja, realizad las siguientes actividades:

a) Seleccionad un anuncio de publicidad engañosa de una revista de adolescentes, de la televisión o de Internet. Para este último caso podéis entrar, por ejemplo, en YouTube y escribir «anuncio de publicidad engañosa» de una marca de bebida, de ropa, de colonia, etc.

b) Analizad el anuncio:

1. ¿Qué producto anuncia?
2. ¿Por medio de qué imágenes, experiencias humanas, mensajes y promesas intenta que las personas compren ese producto?

3 ¿Qué pecado capital o virtud enseña y promueve el anuncio?

4 ¿Qué respuesta da el anuncio para satisfacer la experiencia, la necesidad o el mensaje que presenta?

Criticad el anuncio:

1. ¿En qué manipula y engaña?
2. ¿Qué hay que hacer ante este tipo de anuncios?
3. Presentad a la clase el análisis y la crítica de vuestro anuncio.

5 ¿En qué manipula y engaña?

6 ¿Cuál de las siete virtudes es la mejor respuesta a la necesidad que plantea el anuncio? ¿Por qué?

7 Presentad a la clase vuestro anuncio y crítica.

Interioriza y vivencia una virtud

8 Observad en silencio el cuadro de las siete virtudes y elegid la que más necesitas desarrollar.

9 Cerrad los ojos. Concentraos y relajaos observando vuestra respiración. Después, repetid mentalmente la virtud que hayáis elegido ¡Una sola palabra! Sentid cómo se llena vuestro interior de esa virtud: humildad, generosidad... Por último, imaginad cómo será vuestro futuro si practicáis esa virtud, cómo os verán los demás, cómo os sentiréis con vosotros mismos... Si lo deseáis, contad vuestra experiencia en clase.

Mi inteligencia emocional

El sentimiento de generosidad

El sentimiento de generosidad es vivenciar la necesidad de dar y compartir las cosas propias con los demás, sin esperar nada a cambio. El cristiano debe ser generoso: «El hombre generoso será bendecido, pues comparte su pan con el pobre» (Prov 22, 9).

Prepara un disco-fórum

1 **Solucionar.** Ordena las palabras subrayadas y contesta:

a) ¿Qué valores relacionados con la generosidad propone el texto?

b) ¿Qué sientes cuando eres generoso?

c) ¿Para qué consumir y practicar los valores que propone?

Valores para vivir eternamente

«Nada hemos traído al mundo, como tampoco podemos llevarnos nada de él. Teniendo alimentos y con qué cubrirnos, contentémonos con esto. (...) Porque el amor al dinero es la raíz de todos los males. (...). Busca la jusciati, la dadpie, la fe, el oram, la ciapacien y la mansedumbre. (...) Hagan el bien, sean ricos en buenas obras, sosgerone y dispuestos a artircomp; y así atesorarán un excelente fondo para el porvenir y alcanzarán aquella que es realmente la vida verdadera» (Tim 6, 7; 10-11 y 18-19).

2 Busca en Internet el vídeo de Juanes y escucha la canción.

3 Vuelve a escuchar la canción leyendo su letra después, contesta en tu cuaderno:

a) ¿Qué sientes al escucharla?

b) ¿De qué trata su letra?

c) ¿Qué frase te gusta más? ¿Por qué?

d) ¿Qué queda en el alma para siempre?

***Para qué*, de Juanes**

Para qué las joyas que cubren tu cuerpo.
Para qué el dinero de cien años de trabajo.
Para qué la fama de los intocables.
Para qué las falsas caras de lo cotidiano.
Para qué, para qué...
Para qué los lentes que cubren tus ojos.
Para qué el cansancio de cien años de trabajo.
Para qué matarse por las apariencias.
Para qué dejar que nos acabe la violencia.
Para qué, para qué...
Si a la tumba no se lleva,
ni el dinero ni el poder.
Solo lo que en el alma queda.

Canción del álbum *Fíjate bien*, 2001.

4 **Comparar.** Compara la canción con la Biblia:

a) ¿Qué te enseñan la Biblia y la canción para consumir correctamente? ¿Y para alcanzar la vida eterna?

b) ¿Qué puedes hacer para fortalecer tu sentimiento de generosidad? ¿Y para controlar tu sentimiento de egoísmo?

c) ¿Cómo puedes practicar la generosidad con tu familia y amigos? ¿Y con los más necesitados?

Participa en el disco-fórum

5 Dialoga en el debate con tus respuestas escritas y espontáneas.

6 Evalúa el disco-fórum:

a) ¿Qué te ha gustado más y menos?

b) ¿Para qué te ha servido?

El valor de la caridad

El valor de la caridad consiste en amar a Dios y a los demás como hermanos e hijos de Dios, especialmente a los más necesitados. El término «caridad» significa «amor». La siguiente película enseña que practicar la caridad ayuda a salir de la pobreza y da sentido a la vida.

Prepara el cine-fórum

1 Lee los siguientes textos y contesta:

a) ¿A quién representa la hermana Joan Bethel en la película?

b) ¿Qué frase te gusta más? ¿Por qué?

La ciudad de la alegría

Argumento

Max Lowe (Patrick Swayze), un médico estadounidense, sufre una depresión, abandona la medicina y viaja a la India para buscar un sentido a su vida. Allí, en un barrio pobre de Calcuta, experimenta grandes injusticias y extraordinarios valores, que le ayudan a dar sentido a su vida.

Actores: Patrick Swayze, Pauline Collins, Om Puri, Shabana Azmi, Art Malik, Ayesha Dhaker, Santu Chowdhury, Imran Badsah Khan y Shyamaannd Jaln.

Director: Roland Joffé.

Nacionalidad: Francia, Reino Unido, Estados Unidos. **Año:** 1992.

Para comprender la película

La película está basada en un barrio y en algunos personajes reales que describe *La ciudad de la alegría*. Esta novela de Dominique Lapierre también narra el gran amor de la Beata Madre Teresa de Calcuta (1910-1997) por los más pobres de Calcuta. En la película, es la hermana Joan Bethel (Pauline Collins) quien representa a esta monja, Premio Nobel de la Paz.

La virtud y el valor más importante

Las virtudes teologales son los hábitos que Dios infunde en la persona para que pueda relacionarse bien con Dios, y así, también con los demás y consigo mismo. Son tres: «La fe, la esperanza y el amor: estas tres. La más grande es el amor» (1 Cor 13, 13).

Fotograma de la película *La ciudad de la alegría.*

Reflexiona sobre la película

2 **Explicar.** Después de visionar la película, contesta por escrito a las preguntas:

a) ¿Por qué Max Lowe va a la India?

b) ¿Qué le ocurre a la familia de Hasari cuando llega a Calcuta?

c) ¿Qué es lo más positivo y lo más negativo de la ciudad de la Alegría?

d) ¿Qué hace la hermana Joan para ayudar a los pobres? ¿Qué símbolos cristianos tiene donde vive?

e) ¿En qué valores y comportamientos que realiza Max encuentra el sentido de su vida?

f) ¿Qué personaje, antivalor y comportamiento de la película te parecen más inmorales? ¿Por qué?

g) ¿Qué escena o frase de la película te ha impresionado más? ¿Por qué?

h) ¿Qué te enseña la película en general? ¿Qué te enseña sobre el valor de practicar la caridad con los más necesitados?

Participa en el cine-fórum

3 Dialoga en el debate con tus respuestas escritas y verbales. Aprende a compartir tu tiempo, dejando hablar a los demás.

He aprendido

Sobre la moral católica del consumo

1 Copia y completa el esquema en tu cuaderno escribiendo en cada número la palabra que le falta.

La moral católica del consumo		
es un capítulo de	se compone de	
la moral personal y social de los católicos	**principios éticos y cristianos**	**comportamientos (1) ... y cristianos**
y se basa en	por ejemplo	algunos son
las enseñanzas de la (2) ...	**consumir de forma solidaria, (3) ... y cristiana**	**compartir con los necesitados**
el ideal de compartir de (4) ...	y de	**colaborar en ONG de comercio (5) ...**
el (6) ... mandamiento...	**(7) ... morales y cristianos**	**(8) ... sin dejarse manipular**
y	como son	y
las enseñanzas del magisterio de la (9) ...	**el (10) ..., la austeridad y la bondad**	**votar a partidos a favor del consumo solidario**

2 Contesta las preguntas en tu cuaderno:

a) ¿Qué conlleva la pertenencia a Cristo?

b) Ante el actual consumismo, ¿qué moral deben practicar los cristianos, transformados por el encuentro con Jesús?

c) ¿Qué consecuencias tiene en la vida de los cristianos el encuentro con Cristo?

3 **Comprobar.** Comprueba tus aciertos con las siguientes palabras:

valores	consumir
compartir	décimo
Jesucristo	Biblia
Iglesia	ecológica
justo	morales

Sobre el relato bíblico

4 ¿Qué ocurre en el relato «La multiplicación de los panes y los peces»?

5 ¿Qué enseña para consumir de forma solidaria y cristiana?

Sobre el valor de la caridad

6 El valor de la caridad consiste en...

7 Yo practico la caridad cuando...

Realiza en la web de Anaya la autoevaluación de esta unidad.

7

Misión y organización de la Iglesia

Comenzamos

Jesucristo permanece en la Iglesia

Jesús permanece en la historia por medio de la Iglesia. Ella es la prolongación de Cristo en el tiempo y en el espacio. La Iglesia es continuamente generada por la acción de Jesucristo a través de los sacramentos y es creadora de un mundo y cultura nueva. Las personas que participan de la vida de Cristo forman la Iglesia, que es la gran familia de Dios. Por todo ello, la Iglesia es lugar de encuentro con Cristo y existe un vínculo indisoluble entre el encuentro con Cristo y la pertenencia a la Iglesia.

Jesucristo fundó la Iglesia y le encomendó la misión de enseñar, santificar y gobernar (Mt 16, 16-19 y 28, 19-20). Para cumplir esta misión, la Iglesia tiene una organización y realiza unas actividades.

- ¿Qué es para ti la Iglesia católica? ¿Por qué?
- ¿Qué hace la Iglesia en esta imagen para cumplir su misión?

En esta unidad vas a estudiar

La misión y la organización de la Iglesia

- La Iglesia, su organización y su misión en el mundo.
- El relato bíblico «La primera comunidad cristiana».
- El valor de la solidaridad.

Reflexionamos

Para situarnos

- **El papa Francisco en Twitter:** «Cuatro meses después de ser elegido, el papa Francisco se encuentra entre las personas más influyentes en Twitter, con un centenar de tuits publicados y ocho millones de seguidores en esta red social, según el estudio de Twiplomacy. (...) Los resultados muestran que con los más de 22 000 RT por tuit, el papa Francisco es el líder con mayor impacto e influencia en Twitter» (http://zenit.org. Roma 2 de agosto de 2013).
- **La Iglesia católica española no recibe dinero del Estado.** Se financia con las aportaciones de los católicos y las asignaciones de los contribuyentes que marcan la casilla de la Iglesia católica en la declaración de Hacienda (Más datos en: http://www.portantos.es/).
- **Solidaridad de la Iglesia española:** «En 2012, la Iglesia católica ayudó a 3,5 millones de personas en alguno de los 8130 centros asistenciales católicos que existen en España. (...) Los distintos centros de la Iglesia repartieron un total de 2,4 millones de comidas (...). Caritas cuenta con más de 70 000 voluntarios».

  (http://webcatolicodejavier.org/cifras.html).
- **La Iglesia en 2014.** «La Iglesia católica se encuentra dividida actualmente en 2 981 circunscripciones eclesiásticas, diócesis y otras formas de institución. El número de los bautizados aumenta constantemente. Entre 2005 y 2012 los fieles bautizados en el mundo pasaron de 1 115 a 1 229 millones, con un aumento relativo del 10,2 %». (Anuario Pontificio 2014).
- **La Iglesia no es rica.** «La revista estadounidense *Fortune,* especializada en temas económicos, desmintió el mito de las "grandes riquezas" del Vaticano, y aseguró que si la Santa Sede fuera una corporación, ni siquiera se acercaría a las 500 más adineradas de su famosa lista Fortune 500, encabezada este año por la multinacional WalMart, que registró 476 294 millones de dólares de ingresos. (...) El presupuesto operativo del Vaticano es de apenas 700 millones de dólares» (http://www.periodistadigital.com/religion/ 14 de septiembre de 2014).

Dialogamos

1 ¿Qué dato te llama más la atención? ¿Por qué?

2 ¿Por qué tiene tanta importancia la Iglesia en la sociedad?

3 ¿Qué título pondrías a esta imagen? ¿Por qué?

4 ¿Qué misión debe realizar la Iglesia en la sociedad actual?

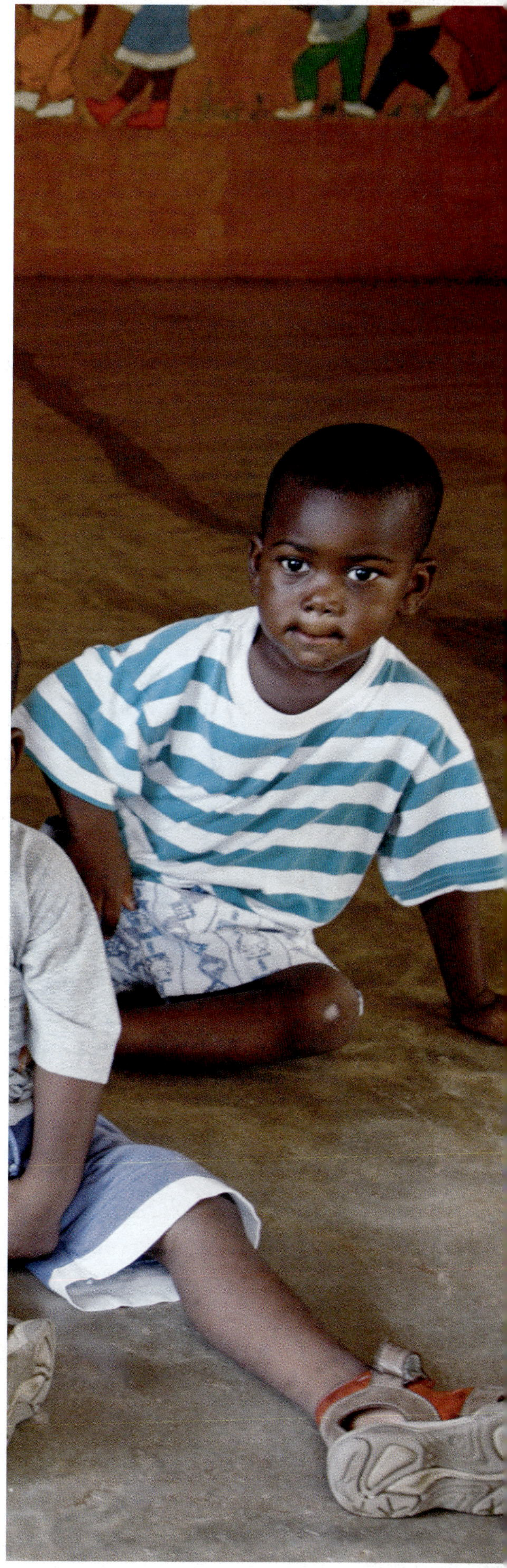

1 Experiencias humanas y cristianas

La Iglesia es un misterio de comunión con Dios. Es la familia de Dios en la historia y el nuevo pueblo de Dios, formado por todos los bautizados. Cada bautizado debe colaborar en la misión de la Iglesia.

El siguiente testimonio muestra cómo una joven católica se encuentra con Cristo en la Iglesia, por medio de un misionero católico. Y cómo a partir de este encuentro personal con Cristo, refuerza su pertenencia a la Iglesia y se compromete con la misión de la Iglesia.

1.1 La misión cristiana de Laura López

Varios jóvenes cristianos pasan el verano en un país pobre. Allí trabajan como voluntarios y sin cobrar nada. Trabajan como enfermeros, médicos, albañiles, maestros... Allí construyen casas, comedores, pozos de agua; dan clases; visitan a los presos...

Así colaboran con la misión de la Iglesia y practican valores como la solidaridad, el compartir... Esta experiencia les cambia la vida y les hace descubrir su vocación cristiana: ¿qué quiero hacer con mi vida? ¿Cuál es mi misión en la Iglesia? Esto es lo que le ocurrió a Laura López.

Así nos cuenta cómo comenzó su historia: «Tenía 15 años y un claretiano vino a clase a relatarnos su experiencia misionera en Honduras. No recuerdo ni una sola historia de las que contó, pero sí la fuerza con la que hablaba de la vida allí.

Procesión de Pascua en Santa Rosa de Copán (Honduras).

Yo participaba en los grupos juveniles y continué mi camino pastoral en la parroquia, comprometida en distintos voluntariados y apostolados. Pasaron los años y no me quitaba de la cabeza su "fuerza". Sentía que, pese a mis muchos compromisos, me faltaba algo. Quería "vivir" y no "hacer"».

Pasaron ocho años, durante los cuales se preparó para realizar este compromiso con los más pobres «Estaba terminando la carrera y tenía que trabajar en mil cosas al mismo tiempo que estudiaba para poder pagar el billete de avión. Además, mi familia no lo veía nada claro.

Pero yo ya tenía una frase que se me repetía en la cabeza y en el corazón: "Señor, tengo alma misionera". No sabía que cambiaría en mí, cómo iba a vivir, qué iba a pasar después. Se había despertado en mi interior un alma misionera con muchos miedos y dudas, pero con una fe y una confianza que no había sentido nunca».

Hasta que, por fin, realizó su primer viaje a Honduras. Allí trabajó como voluntaria en cinco aldeas: visitó a los presos en las cárceles, dio de comer a niños desnutridos, enseñó a leer, ayudó a construir un pozo de agua, colaboró en la catequesis...

Allí vivió los mejores días de su vida: «los días más bonitos, más intensos, más llenos de vida y de fe que he tenido. Aprendí, como si fuera una niña de cinco años, qué significan realmente términos como vida, justicia, dignidad y fe. Esa fue y es la Iglesia en la que creo».

Al año siguiente volvió a Honduras y se comprometió más: «Quería dejarlo todo y marchar para allá». Entonces un amigo claretiano le dijo: «Tu lugar está donde está tu entrega; ¿dónde puedes servir más y mejor, hacer más y mejor por esa misma gente?». Entonces, Laura decidió trabajar como voluntaria en Proclade, una ONGD (Organización no Gubernamental de Desarrollo) de los claretianos.

Desde entonces, «todos los veranos he seguido participando en experiencias que me han llevado a Honduras, Paraguay y Uganda. Y siempre me sigue resultando muy difícil volver, como si me estuvieran arrancando una parte de mí cada vez que cojo el vuelo de regreso a Madrid».

A los 31 años decidió comprometerse más y se responsabilizó del Departamento de Estudios y Sensibilización de Proclade (Revista *Misioneros* nº 137, 2013, págs. 15 y 16).

Comprende, piensa, investiga...

1 ¿Qué es la Iglesia? ¿Quiénes la forman?

2 ¿Por quién encontró Laura a Cristo en la Iglesia? ¿Por qué reforzó su pertenencia a la Iglesia y se comprometió con la Iglesia?

3 ¿Qué te llama más la atención del testimonio de Laura López?

4 ¿Qué te enseña su vida? ¿Y para colaborar en la misión de la Iglesia?

5 Escribe una respuesta a la siguiente opinión, con tus propios argumentos y con la información de este apartado: «Yo estoy bautizado, hice la Primera Comunión y creo en Dios, pero no creo en la Iglesia ni colaboro en su misión, porque la Iglesia es para los curas».

6 **Investigar.** En pareja, buscad y visitad la web de Proclade y realizad las actividades siguientes:

a) ¿Qué apartado es más interesante? ¿Por qué?

b) ¿Cómo se puede colaborar con esta ONGD?

c) ¿Cómo puede colaborar tu clase con ella?

7 Realiza en la web de Anaya la actividad del apartado «Comenzamos a reflexionar» de esta unidad.

2 Misión y organización católica

La Iglesia, como institución, tiene una organización y una jerarquía (el Papa y los obispos) para realizar su catolicidad o misión universal.

2.1 Encuentro con Cristo y pertenencia a la Iglesia

El Nuevo Testamento narra cómo diferentes hombres y mujeres se encontraron personalmente con Jesús.

Este encuentro les cambió la vida y les convirtió en sus discípulos y miembros de su Iglesia o comunidad de discípulos (Lc 8, 1-3).

Algunos ejemplos son la mujer samaritana (Jn 4, 5-42), Zaqueo (Lc 19, 1-10), María Magdalena (Jn 20, 1-18), el apóstol Pedro (Jn 18, 15-18), los discípulos en el camino de Emaús (Lc 24, 13-53), el apóstol Pablo (Hech 9, 1-30), etc.

Desde entonces, el cristiano encuentra a Jesús en la Iglesia: «Donde dos o tres están reunidos en mi nombre, allí estoy yo en medio de ellos» (Mt 18, 20); y se es cristiano perteneciendo a la Iglesia:

2.2 Jesucristo y la triple misión de la Iglesia

En la Iglesia, con la ayuda del Espíritu Santo, se realizan la comunión y la comunicación con Dios Padre, y con las personas, nuestros herma-

Celebración de una misa de beatificación en la Plaza de San Pedro del Vaticano.

nos. Este misterio se hace visible en las comunidades cristianas, que son testigos de la fe, la esperanza y el amor. El signo que distingue a la Iglesia es el amor y la misión de anunciar el reino de Dios. Los cristianos reciben la fuerza del Espíritu Santo para realizar esta misión.

Jesucristo formó la comunidad de sus discípulos, la Iglesia, y le encomendó una triple misión (Mt 16, 16-19 y 28, 19-20):

- **La misión de enseñar** el mensaje de Dios, por medio del Magisterio, la catequesis, la predicación...
- **La misión de santificar** (ayudar a las personas a ser santos), por medio de la oración, los sacramentos, la caridad...
- **La misión de gobernar** a las comunidades cristianas, por medio del Papa, de los obispos y con la ayuda del Espíritu Santo.

2.3 La organización de la Iglesia católica

La Iglesia católica es una institución **jerárquica,** organizada territorialmente por medio de las **diócesis.** Y formada por:

- El **Papa,** que es el obispo de Roma, el sucesor de San Pedro y el vicario o representante de Cristo en la Tierra. Su misión es gobernar a la Iglesia católica y enseñar correctamente el mensaje de Jesús.
- **Los obispos** son los sucesores de los apóstoles de Jesús. En comunión con el Papa, su misión es gobernar las diócesis, enseñar correctamente la fe cristiana y santificar a la Iglesia.
- **Los presbíteros** o curas, que celebran los sacramentos, santifican y gobiernan a la parroquia que les confía el obispo.
- **Los diáconos,** que ayudan al obispo y a los presbíteros en la liturgia y en la administración de algunos sacramentos.
- **Los laicos,** que tienen la labor de colaborar en la misión de la Iglesia, practicando la fe cristiana en su vida diaria, familiar, política y social.
- **Los religiosos y las religiosas,** que se consagran de modo especial a Dios, por la profesión de los votos (promesas a Dios) de vivir la castidad en el celibato, la pobreza y la obediencia.

¿Sabías que...?

Cristo y la Iglesia

«Nadie llega a ser cristiano por sí mismo. No se hacen cristianos en el laboratorio. El cristiano es parte de un pueblo que viene de lejos. El cristiano pertenece a un pueblo que se llama Iglesia y esta Iglesia lo hace cristiano, el día del Bautismo, y luego en el itinerario de la catequesis, etc. Pero nadie, nadie se convierte en cristiano por sí mismo. (...). Esta es la Iglesia: una gran familia, en la cual uno es acogido, donde se aprende a vivir como creyentes y como discípulos del Señor Jesús. (...) Decir: "Yo creo en Dios, creo en Jesús, pero la Iglesia no me interesa...". ¿Cuántas veces lo hemos escuchado? Y esto no está bien. (...) Ser cristiano significa pertenencia a la Iglesia. El nombre es "cristiano", y el apellido es "pertenencia a la Iglesia"». (Papa Francisco: Audiencia General, 25 de junio de 2014).

Comprende, piensa, investiga...

1. En pareja, completad cada frase:
   a) Ejemplos del Nuevo Testamento de encuentro con Jesús y pertenencia a su grupo de discípulos son...
   b) El cristiano encuentra a Jesús en... y es cristiano...
   c) Jesús encomendó a la Iglesia la triple misión de...
   d) La Iglesia Católica es una institución..., organizada territorialmente, por medio de... Y formada por...
2. ¿Qué opinas sobre las palabras del Papa?
3. ¿Qué pueden hacer hoy los jóvenes para colaborar en la misión de la Iglesia?
4. **Investigar.** Consulta la web de la Conferencia Episcopal y responde a las preguntas:
   a) ¿Cómo se llama tu diócesis?
   b) ¿Cómo se llama tu parroquia más cercana?
   c) ¿A qué provincia eclesiástica pertenece tu diócesis?
5. Realiza en la web de Anaya la actividad interactiva de esta unidad.

3 La Biblia y mis competencias: La Iglesia primitiva

Los comienzos de la Iglesia se narran en el Nuevo Testamento, en el libro de los Hechos de los Apóstoles, que se redactó entre el 55-60 d. C.

El siguiente relato describe el ideal de la comunidad de bienes en la Iglesia primitiva y las dificultades que existían para practicarlo.

3.1 La primera comunidad cristiana (Hech 4, 32-37; 5, 1-10)

«El grupo de los creyentes tenía un solo corazón y una sola alma: nadie llamaba suyo propio nada de lo que tenía, pues lo poseían todo en común. Los apóstoles daban testimonio de la resurrección del Señor Jesús con mucho valor. Y se los miraba a todos con mucho agrado. Entre ellos no había necesitados, pues los que poseían tierra o casas las vendían, traían el dinero de lo vendido y lo ponían a los pies de los apóstoles; luego se distribuía a cada uno según lo que necesitaba».

Este fue el caso de José, un levita nacido en Chipre, a quien los apóstoles llamaban Bernabé. Este tenía un campo, lo vendió, trajo el dinero y lo puso a disposición de los apóstoles.

Muerte de Safira, mujer de Ananías, que se desploma a los pies de San Pedro, óleo de 1652 de Nicolas Poussin (Museo del Louvre).

Pero un hombre llamado Ananías, de acuerdo con Safira, su mujer, vendió una propiedad y se quedó con una parte del precio, sabiéndolo su mujer; después llevó el resto y lo puso a los pies de los apóstoles. Pero Pedro le dijo: "Ananías, ¿cómo es que Satanás se ha adueñado de tu corazón para que mientas al Espíritu Santo y retengas parte del precio de la propiedad? ¿Es que no la podías retener cuando la tenías? Y una vez vendida, ¿no eras dueño legítimo del precio? ¿Por qué has puesto en tu corazón esta decisión? No has engañado a hombres, sino a Dios".

Al oír Ananías estas palabras, se desplomó y expiró. Y se extendió un gran temor entre todos los que lo oían contar. Aparecieron unos jóvenes que lo envolvieron en lienzos y lo llevaron a enterrar. Aconteció, unas tres horas más tarde, que entró su mujer sin saber lo que había sucedido, y Pedro le preguntó: "Dime si habéis vendido la propiedad por tanto".

Ella respondió: "Sí, por tanto". Entonces, Pedro le dijo: "¿Por qué os habéis puesto de acuerdo para tentar al Espíritu del Señor? Mira, los pies de los que acaban de enterrar a tu marido están a la puerta y también te van a llevar a ti". Enseguida se desplomó a sus pies y expiró».

3.2 Quiénes son los protagonistas

- **Bernabé,** que significa «hijo de la consolación». Junto con San Pablo (Hech 12, 25), fue uno de los mayores misioneros cristianos.
- **Ananías,** que significa «Jahvé me ha respondido», y **Safira,** '«hermosa».

3.3 Para interpretar correctamente el relato

Este texto no quiere contar la historia completa sobre la primitiva Iglesia, quiere enseñar el ideal de compartir los bienes que debe practicar toda comunidad cristiana. Por ello, pone dos ejemplos: uno positivo, el de Bernabé, que no era obligatorio, pero sí muy valorado en la comunidad; y otro negativo, el de Ananías y Safira, cuyos pecados no fueron quedarse con dinero, sino mentir y engañar a Dios y a la comunidad.

3.4 Qué nos enseña para la vida diaria

El relato enseña a descubrir la presencia del Espíritu Santo en la Iglesia y en la vida diaria de los cristianos, y los valores de compartir los bienes, decir la verdad y evitar la mentira con Dios, con los demás y consigo mismo. También enseña que engañar es como «morir», porque los demás no creen en las palabras y en los comportamientos del mentiroso.

¿Sabías que...?

La Iglesia primitiva

Pedro comenzó a enseñar el Evangelio a los no judíos y abrió el cristianismo a todos. En el año 37, se fundó la comunidad de Antioquía, donde los discípulos de Jesús fueron llamados «cristianos» por primera vez (Hech 11, 26). Y la primera asamblea de la Iglesia, el «Concilio de Jerusalén» (48-49), envió misioneros para anunciar el mensaje de Jesús (Hech 15, 1-35). Pablo y Bernabé lo anuncian a los pueblos que no conocen a Cristo. Por ello, Pablo realizó cuatro viajes por el Mediterráneo y fundó comunidades cristianas.

Así, fue creciendo la Iglesia, sobre todo, en el Imperio romano, donde los cristianos fueron perseguidos y martirizados. Pedro y Pablo (64-67) murieron por la persecución del emperador Nerón.

Comprende, piensa, investiga...

1 Lee y completa en tu cuaderno cada frase:

a) Los comienzos de la Iglesia se narran en...
b) Las actividades de la primera comunidad cristiana eran...
c) Este texto bíblico quiere enseñar...
d) Tres valores y antivalores de sus personajes son...
e) He aprendido que para mejorar mi relación con los grupos a los que pertenezco debo...

2 Dialoga con tus compañeros sobre la pregunta: ¿por qué es importante decir la verdad?

3 **Investigar.** Busca en Internet «taggalaxy». Después, selecciona la fotografía que mejor representa para ti la misión de la Iglesia. Muéstrasela a tu compañero y explícale el motivo de tu elección.

Taller de inteligencias múltiples

Mi inteligencia espiritual

Cómo practicar la espiritualidad cristiana

La espiritualidad es la dimensión no corporal del ser humano: su alma, trascendencia, fe, espíritu personal, valores más profundos... El cristiano desarrolla su espiritualidad desde la fe cristiana y la practica en todos los aspectos de su vida. La siguiente película muestra cómo practicar la espiritualidad cristiana y colaborar en la misión de la Iglesia.

Prepara el cine-fórum

1 Lee y contesta: ¿qué te llama más la atención? ¿Por qué?:

Un sueño posible (The blind side)

Argumento

La película se basa en la vida real de Michael Jerome Williams, Jr., de Memphis (Tennessee), que fue un importante jugador de fútbol americano. Narra la historia de su adopción, siendo un adolescente negro «sin techo», por una familia blanca y cristiana, y las consecuencias que tuvo para él y la familia que le acogió.

También, presenta la fe cristiana de la madre; los valores que debe vivir una familia cristiana (la acogida, la solidaridad con los más pobres, el amor incondicional...); la misión social y educativa que realiza el colegio católico con Michael; y la fidelidad a la máxima: «Lo que no es posible para los hombres es posible para Dios» (Mc 10, 26-27).

Ficha técnica:

Director: John Lee Hancock.

Intérpretes: Sandra Bullock (Leigh Anne Tuohy), Tim McGraw(Sean), Quinton Aaron (Michael Oher), Jae Head (S.J. Tuohy), Lily Collins(Collins Tuohy), Ray McKinnon (Burt Cotton), Kim Dickens (Sra. Boswell),Kathy Bates (Miss Sue), Catherine Dyer (Sra. Smith).

Nacionalidad: EE.UU. **Año:** 2009.

Analiza y contesta

2 **Explicar.** Observa atentamente la película y contesta a las preguntas.

a) ¿Cómo era la vida de Michael Oher antes de conocer a la familia?

b) ¿Por qué se fijó la madre en Michael y le invitó a su casa?

c) ¿Qué le ocurre a Michael en el colegio católico?

d) ¿Qué hace la madre para ayudarle y aceptarle en su familia? ¿Y el padre, la hija y el hijo?

e) ¿Qué argumenta la madre para que admitan a Michael en la escuela católica y en el equipo de futbol?

f) ¿Cómo se comportan los profesores con Michael?

g) ¿Qué hace Michael para aprovechar la oportunidad, que le ofrece esta familia? ¿Qué hace para defenderles y corresponderles?

h) ¿Cómo practica la familia, la fe y la espiritualidad cristiana?

i) ¿Qué escena o frase te gusta más de la película? ¿Por qué?

j) ¿Qué te enseña esta película? ¿Y para colaborar en la misión de la Iglesia?

Debate y concluye

3 Participa en la puesta en común con tus respuestas escritas y tus aportaciones espontáneas. ¡Respeta el turno de palabra! ¡Pide la palabra antes de hablar!

Mi inteligencia emocional

El sentimiento de colaboración

El sentimiento de colaboración es vivenciar la necesidad de realizar actividades con un grupo para conseguir un buen fin. La persona colaborativa es sociable. El cristiano debe colaborar en la misión de la Iglesia: «Nosotros somos colaboradores de Dios» (1 Cor 3, 9).

emprender aprender

Descubre tus mejores sentimientos

1 Distribuiros en grupos de cuatro o cinco. Leed los textos y contestad a las preguntas:

a) ¿Qué te llama más la atención de la noticia y la oración?

b) ¿Qué sentimiento te despierta la oración?

En la Segunda Guerra Mundial (1939-1945), un bombardeo destruyó una iglesia de Münster (Alemania) y dejó sin brazos la figura de Cristo. Sus habitantes conservaron la imagen y se grabó en la cruz: «Ahora, vosotros sois mis brazos».

Somos las manos de Cristo

Cuando, teniendo ganas de llorar, sonreímos.

Cuando dedicamos tiempo a
ayudar a un anciano.

Cuando consolamos a los que
sufren una traición.

Cuando damos un abrazo y un
beso de todo corazón.

Cuando escuchamos a quien
nadie quiere escuchar.

Cuando comparto mis
sentimientos con mi familia.

Cuando colaboro en una
campaña de solidaridad.

Cuando colaboro en la catequesis
de mi parroquia.

¡Tú y yo somos las manos de Cristo!

¡Ayúdanos, Jesús, a colaborar en tu misión!

(http://ideasparaorar.blogspot.com.es/2010/02/somos-las-manos-de-cristo.html. Adaptación).

Expresa tus sentimientos

2 Elaborad cada grupo una oración y decidid cuál os parece la más profunda.

3 Si lo deseas, puedes leer tu oración a la clase.

La resurrección, detalle de las puertas de Santa María de los Ángeles y Mártires de Roma, realizadas en 2006 por el escultor polaco Igor Mitoraj.

El valor de la solidaridad

El valor de la solidaridad consiste en el hecho de compartir con las personas que sufren miserias como hambre, paro, guerra, abandono, etc., y ayudarlas. Un ejemplo de solidaridad puede ser apadrinar a un niño de un país pobre.

Reflexiona e investiga

1 Lee y contesta: ¿qué es la solidaridad para el Papa?

> «En la Iglesia, pero también en la sociedad, una palabra clave que no debemos temer es "solidaridad": es decir, saber poner a disposición de Dios lo que tenemos, nuestras humildes capacidades, porque solo compartiendo, donando, nuestra vida será fecunda, dará frutos» (Papa Francisco, Roma, 30 de mayo de 2013).

2 En pareja, realizad las siguientes actividades:

a) Buscad en un directorio general de ONG, una ONG católica que apadrine niños en países del Tercer Mundo. Ejemplos:

- Directorio general de ONG:
  http://www.guiaongs.org/index.php?a=5
- Apadrinamientos por la Familia Mercedaria:
  http://fundacionaccionliberadora.blogspot.com.es/D
- Apadrinamientos por la Familia Salesiana:
  http://www.misionessalesianas.org/

b) Seleccionad una ONG y buscad en qué consiste el apadrinamiento. Presentad a la clase la ONG seleccionada y la información obtenida.

Comparte y practica la solidaridad

3 Entre todos, seleccionad una de las ONG presentadas. Después, debatid si la clase se compromete a apadrinar a un niño: ¿cómo va a colaborar cada alumno? ¿Qué dinero va a aportar cada familia? ¿Cómo vamos a informar a otras clases para hacer posible el apadrinamiento?

4 **Evaluar.** Evalúa los resultados de esta actividad:

a) ¿Qué ha sido lo más positivo y lo más negativo? ¿Por qué?

b) ¿Nos ha servido para desarrollar el valor de la solidaridad?

He aprendido

Sobre la misión y la organización de la Iglesia

1 **Resolver.** Escribe en tu cuaderno el número de cada frase y las dos palabras correctas que faltan.

1. La Iglesia, como institución, tiene una (...) y una jerarquía, para realizar su (...) o misión universal.
2. La Iglesia (...) es lugar de encuentro con (...).
3. (...) formó la comunidad de sus discípulos, la Iglesia, y le encomendó la misión de enseñar, santificar y (...).
4. Existe un vínculo indisoluble entre el (...) con Cristo y la (...) a la Iglesia.
5. Las personas que participan de la vida de Cristo forman la (...), que es la gran familia de (...).
6. La Iglesia católica es una institución (...), organizada territorialmente, por medio de las (...).
7. La Iglesia católica está formada por el (...), los obispos, los presbíteros, los (...), los religiosos y las religiosas, y los laicos.
8. Los (...) tienen la labor de colaborar en la misión de la Iglesia, practicando la (...) cristiana en su vida diaria.

Sobre el relato bíblico

2 ¿Qué actividades y misiones realizaban los cristianos del relato bíblico de «La primera comunidad cristiana»?

3 ¿Qué valores enseña este relato bíblico? ¿Cuál es más necesario para la sociedad actual? ¿Por qué?

Sobre el valor de la solidaridad

4 Escribe una definición sobre la solidaridad.

5 Describe un comportamiento de solidaridad que puedas realizar en tu vida diaria.

Realiza en la web de Anaya la autoevaluación de esta unidad.

8

Historia de la Iglesia

Comenzamos

Permanencia de Jesús en la historia de la Iglesia (ss. I-XV)

La persona es un ser religioso que desea encontrase con Dios. Él responde a esta necesidad interviniendo en la Historia de la Salvación. Por ello, elige al pueblo de Israel y se da a conocer a través de los personajes, hechos y palabras, que forman la historia de Israel.

Después, Dios se revela de forma completa, en Jesucristo y su mensaje evangélico. Desde entonces, la Iglesia es la prolongación de Cristo en el tiempo y el espacio. Y, por medio de la Iglesia, lugar de encuentro con Él, continúa la presencia de Jesucristo en la historia de la humanidad.

La historia de la Iglesia se inicia con Jesús y terminará al final de los tiempos. En esta unidad estudiarás la historia de la Iglesia hasta el siglo XV y su decisiva aportación a la historia general de España, Europa y Occidente.

- ¿Qué relación tiene Jesucristo con la Iglesia y su historia?
- ¿Qué título le pondrías a esta imagen? ¿Por qué?

En esta unidad vas a estudiar

Jesucristo y la historia de la Iglesia

- La historia de la Iglesia (siglos I-XV).
- El relato bíblico «Simón, el mago».
- El valor de cooperar con el grupo.

Reflexionamos

Para situarnos

- **Aportación de los monasterios a la historia.** Conservaron y desarrollaron la ciencia, la agricultura, la medicina, la oración, la cultura de la antigüedad, etc. «El florecimiento de las órdenes monacales dio lugar también a la creación de hospitales, que junto con los hospicios y escuelas, funcionaron como parte integral de los monasterios. (...) Durante toda la Edad Media, el Renacimiento e incluso después, los hospitales fueron dirigidos casi en su totalidad por comunidades religiosas. Durante el siglo XVIII, se crearon los primeros hospitales municipales dirigidos por autoridades civiles».

  (http://www.juntadeandalucia.es/averroes/~29701428/salud/hospi.htm)

- **La Iglesia creó en Europa las catedrales, los hospitales, los asilos y los orfanatos.** «En los siglos XIV y XV la Iglesia había construido una red de hospitales y hospicios que cubría casi todas las ciudades y pueblos importantes de Europa. Solo las leproserías pasaban de 30 000 en el siglo XIII». Luis González-Carvajal: *Esta es nuestra fe.* Sal Terrae, Santander, 2007, 22ª edic., pág. 172).

- **La Iglesia fundó en Europa y España las primeras escuelas y universidades.** «Los monasterios contaban con una institución docente para formar a sus monjes, pero bastantes añadieron una escuela exterior, destinada a niños y jóvenes. (...) Obispos y cabildos crean en las ciudades escuelas. (...) Las escuelas monásticas y episcopales centran la preparación literaria en el trivio (gramática, retórica, dialéctica), y la científica, en el cuadrivio (aritmética, geometría, astronomía, música). (...)

- Los papas fundan las universidades de Toulouse (1229), Siena Angers (1249), Roma y Aviñón (1303), y por privilegios papales nacen a fines de siglo en Colonia (1389) y en Erfurt (1329). A lo largo de los siglos XIII y XIV van engrandeciendo a Europa, una en pos de otra, 29 universidades de fundación pontificia.

  La escuela catedralicia de Palencia, fundada en el siglo XI, logra singular esplendor en el último tercio del XII, y entre 1208 y 1214 da origen a la universidad española más antigua, teniendo parte muy activa en esto el obispo de la ciudad don Tello Téllez». (José María Riaza: *La Iglesia en la historia de la ciencia.* BAC, Madrid, 1999, pág. 39-40 y 44).

  (http://www.corazones.org/diccionario/universidad_origen.htm)

Dialogamos

1 ¿Qué hecho te llama más la atención?

2 ¿Por qué crees que viven así los monjes de la fotografía?

3 ¿Qué opinas después de conocer estos hechos? ¿Por qué?

4 ¿Qué te gustaría opinar o preguntar sobre la historia de la Iglesia?

1 Experiencias humanas y cristianas

El ser humano es un buscador. Busca la felicidad y dar un sentido positivo a su vida: ¿cuáles son las mejores enseñanzas y revelaciones para ser feliz? ¿Dónde encontrarlas? ¿Qué historia he de hacer con mi vida diaria para salvarme?

Hoy, millones de personas se dejan manipular por falsos adivinos y mensajes publicitarios, sectas destructivas, las drogas, el consumismo, etc. Y por ello, se despersonalizan, se deprimen y son incapaces de construir con su vida una verdadera historia personal de amor y felicidad.

La Iglesia, a lo largo de su historia, enseña que Cristo es el camino y la mayor revelación para vivir plenamente la propia vida: «Yo he venido para que tengan vida y la tengan abundante. (...) Yo soy el camino, la verdad y la vida» (Jn 10, 10 y 14, 6). La persona que construye su historia personal con Cristo, encuentra la salvación y la felicidad completa.

El siguiente cuento enseña la importancia de aprovechar cada día, para buscar lo importante y ser feliz con Dios, con los demás y con uno mismo. Y así, poder construir nuestra mejor historia personal.

1.1 Cuento: «El buscador»

El protagonista de esta historia era un buscador. No sabía exactamente qué buscaba, pero se dedicaba a buscar lo más importante para ser feliz y vivir plenamente. Un día, el buscador sintió que debía ir hacia la ciudad de Kammir. Así que lo dejó todo y partió hacia allí. Después de dos días de caminar, divisó a lo lejos la ciudad. Un poco antes de llegar, le llamó la atención una colina a la derecha del sendero. Era un bonito bosque rodeado por una valla de madera. Se acercó y, lleno de curiosidad, el buscador entró y empezó a caminar entre las piedras blancas que estaban colocadas entre los árboles.

¿Sabías que...?

Los santos, ejemplos de plenitud de vida

El cristiano se encuentra con Cristo resucitado en los sacramentos. Este encuentro le ayuda a vivir la experiencia de plenitud que promete Cristo: desarrollar al máximo todas sus dimensiones humanas, salvarse y vivir eternamente con Él.

La historia de la Iglesia nos ofrece la vida de los santos y las santas como los mejores ejemplos para los cristianos. Rezarles e imitarles ayuda a desarrollar una buena historia personal y cristiana: «No hay mejores ejemplos que los santos y tampoco mejores intercesores. Si mi patrono es un santo, tengo un amigo junto a Dios» (YOUCAT. *Catecismo joven de la Iglesia católica,* 2011, nº 202).

Como era un buscador, observó atentamente y descubrió la siguiente inscripción sobre una de las piedras: *Abdul Tareg, vivió 8 años, 6 meses, 2 semanas y 3 días.*

Entonces, se dio cuenta de que aquella piedra no era solo una piedra, era una lápida de cementerio. Y sintió pena al pensar que un niño de tan corta edad estaba enterrado en aquel lugar. Después, miró la piedra de al lado y leyó su inscripción: *Yamir Kalib, vivió 5 años, 8 meses y 3 semanas.*

El buscador se puso muy triste. Aquel hermoso lugar era un cementerio y cada piedra era una tumba. Siguió leyendo las lápidas donde estaban escritos el nombre y el tiempo de vida exacto del difunto. Y al comprobar que el que más tiempo había vivido era once años, se puso a llorar desconsoladamente.

Al verlo llorar, el cuidador del cementerio se acercó y le preguntó si lloraba por algún familiar. El buscador le contestó que no; y le preguntó que por qué había tantos niños enterrados en aquel lugar. Y el cuidador le explicó: «Tranquilícese. No son niños. Lo que pasa es que aquí tenemos una vieja costumbre. Cuando un joven cumple quince años, sus padres le regalan una libreta. Y a partir de ese momento, cada vez que uno es verdaderamente feliz por algo, abre la libreta y anota en ella: *A la izquierda, qué lo hizo feliz: enamorarse, el primer beso, el día de la boda, el nacimiento de un hijo, un viaje, cuidar a un amigo enfermo, sentir a Dios durante una oración ...*

A la derecha, cuánto tiempo duró esta felicidad: un mes, una semana, un día, unos minutos...

Así, vamos anotando en la libreta cada momento que disfrutamos de la vida. Y cuando alguien se muere, es nuestra costumbre abrir su libreta y sumar el tiempo de lo disfrutado para escribirlo sobre su tumba. Porque ese es para nosotros el único y verdadero tiempo vivido».

(Jorge Bucay: *Cuentos para pensar.* RBA, Barcelona, 2012, págs. 21-26. Adaptación).

¿Sabías que...?

Vivir en plenitud con Cristo

La vida es el primer regalo que recibimos de Dios. Y uno de los deseos más profundos del ser humano es vivir eternamente y vivir de forma plena: una vida feliz, de amor, de alegría, etc. Sin embargo, nadie puede por sí mismo vivir eternamente o llevar una vida completamente feliz, sin enfermedad, dolor, muerte...

Para los cristianos, solamente Jesucristo, el Hijo de Dios hecho hombre (Lc 1,26 y Jn 1,14), ha venido al mundo y ha resucitado para que tengamos vida en plenitud (Jn 10,10; 3,17). Cristo es la vida plena y eterna. Y las personas viven eternamente y obtienen una vida en plenitud, mediante la fe en Jesús y su seguimiento en la vida diaria (Jn 3,14-16 y 5, 24).

Comprende, piensa, investiga...

1 Escribe un ejemplo de una persona que es incapaz de realizar su historia personal y destroza su vida y la de los demás, y otro ejemplo de una persona que realiza con su vida la historia que desea, es feliz y hace felices a los demás.

2 ¿A qué ayuda Cristo para construir una buena historia personal? ¿Y para vivir la experiencia de plenitud que Él promete?

3 ¿Qué descubrió el buscador en el cementerio?

4 ¿Qué te enseña el cuento para tu vida diaria?

5 **Explicar.** Imagínate que tu mejor amigo vive en Kammir y no es feliz: ¿qué le dirías al recibir su libreta? ¿Qué enseñanza le propondrías para que aproveche los días de su vida? ¿Qué debería hacer para convertir su vida en una historia personal de amor y de felicidad? ¿Y para vivir en plenitud con Cristo?

6 **Investigar.** Busca en Internet páginas de juegos católicos sobre santos y participa y aprende con ellos. Al terminar, resume la historia de un santo y explica qué te enseña para tu vida con la plenitud que promete Cristo?

7 Realiza en la web de Anaya la actividad del apartado «Comenzamos a reflexionar» de esta unidad.

2 La historia de la Iglesia

La Iglesia es un hecho histórico y un hecho revelado por Dios para llevar la salvación a todas las personas. Como institución social, cambia y tiene sus aspectos positivos y negativos. Y, como realidad revelada por Dios que integra un elemento divino, no cambia en lo fundamental a lo largo de los siglos, y alcanzará su plenitud al final de los tiempos.

A lo largo de estos siglos, la Iglesia tuvo luces, como la reconstrucción de Europa y sombras, como la división de la propia Iglesia.

2.1 La Iglesia en la Edad Antigua (siglos I-V)

En los siglos II y III, la Iglesia se extendió por el Imperio romano para cumplir su misión (Mt 28, 16-20) y sufrió varias persecuciones. El emperador Constantino (272-337) proclamó el Edicto de Milán en 313, por el cual se reconocía la libertad de practicar públicamente la fe cristiana.

En el año 380, el cristianismo se convirtió en la religión oficial del Imperio romano. Esta situación produjo problemas entre la Iglesia y el poder imperial, porque muchas personas se bautizaron no para ser cristianos, sino para obtener beneficios sociales y políticos. A ello hubo que sumarle que el emperador se entrometió en las cuestiones de la Iglesia para conseguir sus intereses políticos (cesaropapismo).

Las iglesias orientales comenzaron a distanciarse de Roma. Y algunos grupos cristianos se separaron de la fe cristiana, dando lugar a diversos cismas y herejías. Para solucionar estos problemas, la Iglesia celebró concilios ecuménicos, que definieron verdades de la fe cristiana:

- El Concilio de Efeso (año 431). En él se proclamó que Cristo era una sola persona con sus dos naturalezas inseparables (humana y divina); y la maternidad divina de la Virgen María.
- El Concilio de Calcedonia (año 451). En él se formuló la plena humanidad y la plena divinidad de Cristo, segunda persona de la Santísima Trinidad.

Vocabulario

- Los **concilios** son asambleas de la Iglesia. Los **concilios ecuménicos** son universales, porque se reúnen los obispos del mundo presididos por el Papa. Y los **sínodos locales** o **diocesanos** son la asamblea de sacerdotes y laicos de una diócesis, presididos por su obispo.
- Una **herejía** es un pensamiento contrario a los dogmas de la Iglesia, defendido por una persona bautizada.
- **Cisma** significa división o separación entre los individuos de una comunidad.

Mosaico en el que se representa el Concilio de Éfeso (Notre-Dame de Faunvières, Lyon).

2.2 La Iglesia en la Edad Media (siglos V-XV)

Europa quedó dividida y destruida después de la caída del Imperio romano y las invasiones de los pueblos germánicos. Ante esta situación, la Iglesia fundó monasterios, gracias a los cuales evangelizó y reconstruyó Europa. Y en las ciudades, creó escuelas, hospitales, universidades y catedrales. Así, la Iglesia, en aquella sociedad guerrera, rural y analfabeta, conservó la cultura del pasado y promovió la ciencia, la cultura, la humanización y la abolición de la esclavitud.

Reyes como Carlomagno (742-814) trataron de formar un Imperio cristiano con las tierras del antiguo Imperio romano. Para lograrlo promovieron una alianza entre la Iglesia y el poder político. Esta alianza oscureció la misión espiritual de la Iglesia y produjo una lucha entre los papas y los emperadores por las investiduras: el emperador quería nombrar al Papa y este, al emperador.

Ante las invasiones de los musulmanes en Europa y en Tierra Santa, se organizaron las Cruzadas y las órdenes religiosas militares (templarios, cruzados, etc.). La Iglesia retrocedió en Oriente debido a la expansión del Islam y creció en Occidente.

En Europa surgió la cristiandad (una sociedad basada en el cristianismo). Este fenómeno produjo corrupción en la Iglesia y muchos cristianos olvidaron el mensaje de Cristo. Entonces, surgieron santos como San Francisco de Asís (1182-1226) y Santo Domingo de Guzmán (1170-2121), que fundaron las órdenes mendicantes de los franciscanos y los dominicos, respectivamente. Sus religiosos vivían pobremente, predicaban el mensaje de pobreza de Jesucristo y ayudaban a los necesitados.

En el siglo XI se produjo el Cisma de Oriente, por el que la zona oriental del Imperio se separó de la autoridad del Papa y los cristianos se dividieron en católicos y ortodoxos. Y en el siglo XIV, se produce el Cisma de Occidente por elegirse dos papas a la vez.

¿Sabías que...?

Jesús en la historia de la Iglesia

Jesús está presente en la historia de la Iglesia por medio del Espíritu Santo; la fe y caridad de los cristianos; los santos y santas; la Virgen María; los sacramentos y liturgia de la Iglesia; y por su resurrección, que es el centro de la fe cristiana (1 Cor 15,14).

Jesús es el centro de la Historia de la Salvación, que comienza con la historia del pueblo de Israel, continúa con la Iglesia y terminará al final del mundo: «La Iglesia cree que la clave, el centro y el fin de toda historia humana se encuentra en su Señor y Maestro (...). La Iglesia está en la historia, pero al mismo tiempo la trasciende. Solamente "con los ojos de la fe" se puede ver al mismo tiempo en esta realidad visible una realidad espiritual, portadora de vida divina». (Catecismo de la Iglesia católica. 1997, n.º 450 y 770).

Comprende, piensa, investiga...

1 En grupo y de forma cooperativa, realizad estas actividades:

a) Completad el esquema con la información de esta doble página:

La historia de la Iglesia en los siglos I - XV		
expresa la realidad de	Se divide en	
la Iglesia	**La Edad Antigua**	**La Edad Media**
que es	que comprende	que comprende
un hecho histórico y un hecho...	**Los siglos...**	**Los siglos...**
donde Jesús está presente en (...)	y sus hechos más importantes son (...)	y sus hechos más importantes son (...)

b) Realizad una investigación en Internet de un personaje de la historia de la Iglesia que ha encontrado a Cristo en la Iglesia. Por ejemplo, puede ser sobre los primeros cristianos o San Agustín:
- ¿Cómo vivía antes de conocer a Jesús?
- ¿Cómo se encontró con Jesús?
- ¿Qué influencia tuvo la Iglesia o los cristianos en su conversión a Jesús?

Presentad y explicad a la clase vuestra investigación. Podéis utilizar las TIC para una presentación más actual.
¿Cuál es la principal enseñanza que habéis extraído de esta parte de la historia de la Iglesia? ¿Por qué?

2 Realiza en la web de Anaya la actividad interactiva de esta unidad.

3 La Biblia y mis competencias: Los comienzos de la Iglesia

El siguiente relato se narra en los Hechos de los Apóstoles (continuación del Evangelio de San Lucas), que se redactó entre el 55-60 d. C. Describe los comienzos de la Iglesia y las verdaderas y falsas actitudes con que se recibió el mensaje de Jesús en Samaría (región del país de Jesús).

3.1 Simón, el mago (Hch 8, 9-24)

«Un hombre llamado Simón se encontraba ya antes en la ciudad practicando la magia; tenía asombrada a la gente de Samaría y decía de sí mismo que era un personaje importante. Todos, desde el menor hasta el mayor, lo escuchaban con atención y decían: "Este es la potencia de Dios llamada la Grande".

Lo escuchaban con atención, pues durante mucho tiempo los había asombrado con sus magias; pero cuando creyeron a Felipe que les anunciaba la Buena Nueva del reino de Dios y del nombre de Jesucristo, se bautizaban tanto los hombres como las mujeres. El mismo Simón también creyó y, una vez bautizado, estaba constantemente con Felipe, asombrado al ver los signos y grandes milagros que se obraban.

Cuando los apóstoles, que estaban en Jerusalén, se enteraron de que Samaría había recibido la palabra de Dios, enviaron a Pedro y a Juan; ellos bajaron hasta allí y oraron por ellos, para que recibieran el Espíritu Santo, pues aún no había bajado sobre ninguno; estaban solo bautizados en el nombre del Señor Jesús. Entonces les imponían las manos y recibían el Espíritu Santo.

Bajorrelieve de Hans Konrad Osner fechado en 1717, en el que se representa al mago Simón volando (Fortaleza de Pedro y Pablo, San Petersburgo).

Al ver Simón que por la imposición de las manos de los apóstoles se confería el Espíritu, les ofreció dinero, diciendo: "Dadme a mí también ese poder, de forma que reciba el Espíritu Santo aquel a quién yo imponga las manos".

Pero Pedro le dijo: "¡Vaya tu dinero contigo a la perdición, pues has pensado que el don de Dios se compra con dinero! No tienes parte ni herencia en este asunto, porque tu corazón no es recto ante Dios. Arrepiéntete, pues, de esta tu maldad y ruega al Señor, a ver si se te perdona este pensamiento de tu corazón, ya que veo que estás lleno de veneno amargo y esclavizado por la maldad".

Respondió Simón y dijo: "Rogad por mí al Señor para que no me sobrevenga lo que habéis dicho"».

3.2 Quiénes son los protagonistas

- **Simón, el mago.** Representa a la persona que engaña y practica la «simonía»: comprar o vender bienes espirituales por medio del dinero. Y a quien se bautiza por los prodigios que observa (Hch, 8, 6-7 y 13), pero sin vivir la fe en Jesús ni la experiencia del Espíritu Santo.
- **Felipe, Pedro y Juan.** Felipe es seguramente uno de los siete diáconos ordenados por los doce apóstoles (Hch 6, 5). Y, Pedro y Juan son dos de los doce apóstoles (Lc 6, 12-16).

3.3 Para interpretar correctamente el relato

En esta época, gran parte de la población del Imperio romano practicaba la magia, porque no encontraba la salvación en la religión oficial romana. Simón, el mago, es un ejemplo de esta situación. Los samaritanos descubren en el mensaje de Jesucristo el único camino de salvación. Por este motivo, se convierten a la fe cristiana y se bautizan. Y la presencia de los apóstoles, Pedro y Juan, supone el reconocimiento oficial de esta nueva comunidad cristiana de Samaría.

3.4 Qué nos enseña para la vida diaria

Enseña que para bautizarse es necesario convertirse a Cristo y recibir al Espíritu Santo, que es la fuerza y el centro de esta primera expansión del cristianismo fuera de Jerusalén (Hech 8, 4-8). Y a diferenciar la falsa salvación de la «simonía» y la magia, de la verdadera salvación que ofrece Jesucristo.

Comprende, piensa, investiga...

1. Copia y completa en tu cuaderno:
   a) Título del relato, nombre del libro y fecha de composición.
   b) Argumento y protagonistas.
   c) Ideas para interpretarlo correctamente.
   d) Enseñanzas para la vida actual.
2. En pequeño grupo, realizad una investigación sobre las diferencias entre la magia o hechicería como manipulación sobre las personas y sobre la magia como arte para el entretenimiento, que se realiza en espectáculos (trucos de ilusionismo, prestidigitación, etc.). Consultad el Catecismo de la Iglesia Católica (nº 2117, 2138 y 2139) en: http://www.vatican.va/archive/catechism_sp/index_sp.html
3. Busca en Internet un juego sobre la Biblia, y comprueba tu cultura bíblica.

Mi inteligencia espiritual

Espiritualidad e historia personal de vida

La historia cotidiana de la persona tiene su origen en su vida interior: en sus creencias, las influencias de su historia familiar, social y religiosa, etc. Por ello, es importante dedicar tiempo a reflexionar para comprender las raíces de nuestro pasado y lo que nos ocurre en el presente. La persona, cuanto más tiempo dedica a desarrollar su espiritualidad, más fe y fuerzas tiene para realizar con su vida una verdadera historia personal de amor y felicidad.

Evalúate y reflexiona sobre tu historia

1 Lee las preguntas del recuadro y prepárate a viajar a tu interior.

¿Qué historia quiero hacer con mi vida?	
1. ¿Qué historia personal te gusta más de todas las que te han sucedido? ¿Por qué te gusta tanto?	...
2. ¿Qué historia te gusta más de un personaje del cine, la Biblia, la literatura o la actualidad? ¿Qué te enseña esta historia?	...
3. ¿Cómo te gustaría que fuera tu historia personal, sentimental y profesional, cuando tengas 50 años? ¿Por qué?	...
4. ¿Qué piensas hacer cada día para lograr tu historia ideal? ¿Qué tipo de persona, fe o valores te puede ayudar más?	...

2 Siéntate tranquilamente. Lee y memoriza la pregunta 1. Después, cierra los ojos, quédate en silencio y entra en ti mismo. Piensa en la pregunta e imagina la escena, porque te gustó, qué sentimientos viviste... A continuación, abre los ojos y escribe un resumen de todo ello.

3 Repite el mismo ejercicio para las preguntas 2, 3 y 4.

4 Forma un grupo con cuatro compañeros y leeros una de vuestras respuestas. ¡Debes respetar sus historias y aprender de ellas!

5 **Valorar.** Valora este ejercicio con toda la clase: ¿para qué te ha servido realizarlo? ¿Qué te ha llamado más la atención? ¿Qué has descubierto para realizar la historia personal que deseas?

Mi inteligencia emocional

El sentimiento de fe

El sentimiento de fe consiste en vivenciar las creencias más profundas que dan sentido a la vida y nos comprometen: «Una auténtica fe —que nunca es cómoda e individualista— siempre implica un profundo deseo de cambiar el mundo, de transmitir valores, de dejar algo mejor detrás de nuestro paso por la tierra» (Papa Francisco: Exhortación Apostólica Evangelii gaudium -Anuncio del Evangelio-, 2013, nº 183).

Prepara el cine-fórum

1 **Seleccionar.** Lee la presentación y escribe la frase que más te guste. Esta película muestra la auténtica fe cristiana de los primeros cristianos.

QUO VADIS *(Adónde vas)*

Argumento

La película presenta la persecución a los cristianos por el emperador Nerón. Es una historia de amor entre un general romano (Marco Vinicio) y una esclava cristiana (Ligia). Muestra el martirio y la persecución de los primeros cristianos, y la fuerza de su fe cristiana. Más información en: http://www.primeroscristianos.com/

Ficha técnica

Dirección: Jerzy Kawalerowicz.

Intérpretes: Pawel Delag (Marco Vinicio), Magdalena Mielcarz (Ligia) Michal Bajor (Nerón), Rafal Kubacki (Ursus), Franciszek Piecka (San Pedro).

Nacionalidad: Polonia. **Año:** 2001.

Para reflexionar

La historia de la Iglesia es una historia humana porque está formada por personas, hechos, fechas, etc. Y a la vez, es una historia religiosa, porque Cristo está presente, y actúa en y por los acontecimientos y la vida de las personas. Un ejemplo es **Quo Vadis.**

Fotograma de la película *Quo Vadis* (EUA, 1951).

Analiza la película y contesta

2 Busca en Internet la película *Quo Vadis* (2001). Visualízala y contesta a las preguntas. Puedes verla en:

a) ¿De qué dialogan cuando se conocen Marco Vinicio y Ligia?

b) ¿Qué te llama más la atención de la fe y la vida de los primeros cristianos?

c) ¿En qué escenas, personajes y diálogos de la película está presente Cristo?

d) ¿Qué antivalores y comportamientos inmorales realiza Nerón?

e) ¿Cómo demuestra y practica Ligia su fe cristiana?

f) ¿Qué hace Marco Vinicio cuando se bautiza y se convierte en cristiano?

g) ¿Qué escena o frase de la película te gusta más? ¿Por qué?

h) ¿Qué te enseña esta película sobre la historia de la Iglesia católica? ¿Y sobre la fe y el amor cristiano?

i) ¿Qué has aprendido de Ligia y Vinicio para vivir tu historia personal con más sentido y valores humanos y cristianos?

Debate y concluye

3 Participa en la puesta en común con tus respuestas escritas y espontáneas. ¡Respeta el turno de palabra! ¡Pide la palabra antes de hablar!

Mis valores humanos y cristianos

El valor de cooperar con el grupo

Página miniada en la que se ve a unos frailes rezando Biblioteca de la universidad Heidelberg (Alemania).

El valor de cooperar con el grupo consiste en realizar actividades en equipo o en pareja. En un trabajo cooperativo, cada componente de la pareja o del equipo debe colaborar y realizar su trabajo para lograr los objetivos del grupo. Desarrolla este valor participando en el siguiente concurso cooperativo sobre la historia de la Iglesia.

Forma un grupo cooperativo

1 Formad grupos de cuatro. Después, elegid un responsable de realizar las preguntas a los demás grupos, y un secretario para escribir las preguntas y las respuestas.

2 Escribid cinco preguntas concretas con sus correspondientes respuestas objetivas, con los ejemplos de esta página y la «Tabla del tiempo» e «Historiograma» en: http://www.gecoas.com/religion/historia.htm

Participa en el concurso

3 Dos alumnos cronometran el tiempo para responder y actúan de árbitros.

4 Seguid las normas del concurso: se numeran los grupos: 1, 2, 3 y 4 y se sortea quien comienza a jugar. El secretario del primer grupo pregunta al grupo número 2, el cual dispone de un minuto máximo para poder contestar. Durante ese tiempo, el grupo dialoga y acuerda la respuesta. Si el grupo 2 acierta, se apunta un tanto y pregunta al número 3. Pero si no la acierta, el grupo 1 se apunta un tanto y realiza otra pregunta al 3. Gana el grupo que se haya anotado más puntos.

Evalúa tu trabajo cooperativo

5 ¿Te has comportado de forma cooperativa? ¿Te ha servido para ser más cooperativo? ¿Por qué? ¿Qué le dirías a tu grupo? ¿Y a los demás grupos? ¿Por qué?

emprender aprender

Hechos de la historia de la Iglesia

325. Concilio de Nicea donde se formula la profesión del Credo apostólico.

329. Nace San Basilio († 379), Padre y Doctor de la Iglesia.

343. Nace San Jerónimo († 420), Padre y Doctor de la Iglesia.

480. Nace San Benito de Nursia († 547), patrón de Europa, fundador de los monjes benedictinos y de la Santa Regla, en que se basan muchos monasterios.

560. Nace San Isidoro de Sevilla († 636), arzobispo, teólogo y persona de gran cultura.

589. III Concilio de Toledo, donde el rey visigodo Recaredo se convirtió a la fe católica y se condenaron las herejías de Arrio.

1054. Cisma de Oriente: la Iglesia queda dividida en la Iglesia católica romana y la Iglesia ortodoxa griega.

1078. Jerusalén y los lugares santos son conquistados por los turcos.

1090. Nace San Bernardo de Claraval († 1153), Doctor de la Iglesia y fundador del monasterio cisterciense del Claraval.

1096. Comienzo de la Primera Cruzada que durará hasta el 1099.

1098. San Roberto funda los cistercienses.

1225. Nace Santo Tomás de Aquino († 1277), que desarrolla la teología escolástica (usar la filosofía grecolatina para comprender la revelación cristiana).

1231. Gregorio IX instituye la Inquisición para luchar contra las herejías.

1378. Inicio del Cisma de Occidente (se eligen dos papas a la vez), que termina en 1417.

1481. Se establece la Inquisición en España.

1492. Cristóbal Colón descubre América y se inicia una nueva época histórica: el Renacimiento y la Edad Moderna.

He aprendido

Sobre la historia de la Iglesia

1 Copia en tu cuaderno y completa cada frase con algún dato o explicación:

1. El Edicto de Milán del emperador Constantino declaró que...
2. San Benito está relacionado con el monacato porque...
3. Jesús está presente en la historia de la Iglesia por medio de...
4. Dos concilios importantes en la historia de la Iglesia (siglos I-XV) son... porque...
5. Carlomagno y la Europa cristiana en la Edad Media tienen relación porque...
6. Dos fundadores de las órdenes mendicantes son...
7. El Cisma de Occidente consistió en...
8. Un personaje de la historia de la Iglesia que encontró a Cristo en la Iglesia es...
9. La Iglesia creó en Europa las universidades y...
10. Jesús es el centro de la Historia de la Salvación, que comienza... continúa con... y terminará...

Sobre el relato bíblico

2 ¿Cuál es el argumento del relato bíblico «Simón, el mago»?

3 ¿En qué personaje o texto del relato se observa la presencia de Cristo en los comienzos de la Iglesia?

Sobre el valor de cooperar

4 Escribe una definición sobre el valor de cooperar con el grupo.

5 Describe un trabajo en grupo donde un miembro coopera con los demás y otro no colabora y se aprovecha del trabajo de los otros.

Realiza en la web de Anaya la autoevaluación de esta unidad.

Monasterio de Santo Estevo de Ribas de Sil (Orense).

9

Fe, arte y cultura

Comenzamos

La fe en Jesús crea en la historia arte y cultura

Dios se manifiesta en la historia, especialmente en la historia de Israel, para ofrecer al ser humano su amor y amistad. Y de forma plena, revela su misterio en la historia, por medio de Jesús, su Hijo y Salvador. Desde entonces, Cristo continúa vivo en la Iglesia, que es su prolongación en la historia. Y los cristianos, por los sacramentos se encuentran con Él, y practican su fe en Él, por medio de la moral y la creación del patrimonio de la humanidad.

Por la influencia de la fe cristiana, la Iglesia ha creado gran parte del patrimonio de la humanidad: su arte, cultura, pensamiento, costumbres, etc.

Las religiones han creado la mayor parte del patrimonio de la humanidad. El cristianismo destaca por ser la religión de la belleza. Y la Iglesia católica es la que más importancia ha dado al arte.

- ¿Por qué la Iglesia ha creado gran parte del patrimonio de la humanidad?
- ¿Qué título pondrías a esta imagen?

En esta unidad vas a estudiar

La fe en el arte y en la cultura

- El patrimonio artístico y cultural de la Iglesia.
- El relato bíblico «Salomón y el templo de Jerusalén».
- El valor de la tolerancia.

Reflexionamos

Para situarnos

- **La imagen de la Virgen más grande del mundo.** «Se encuentra en Oruro (Bolivia). Se trata de una imagen de 45,5 metros de altura (7 metros más alta que el Cristo del Corcovado, de Brasil) y está dedicada a la advocación de la Virgen de la Candelaria».

  (http://webcatolicodejavier.org/sabiasque.html)

- **Curiosidades del Camino de Santiago.** El peregrino lo realiza para llegar a la Catedral de Compostela, venerar al Apóstol Santiago y realizar un viaje interior que lo convierta en mejor persona y cristiano.

  Se calcula que los peregrinos dan un millón de pasos, a lo largo de los 750 kilómetros del camino, desde Roncesvalles a Santiago de Compostela.

  El castellano surgió en el camino de Santiago, en el Monasterio de San Millán de la Cogolla (La Rioja).

  De 2004 a 2014 lo recorrieron 272 135 peregrinos, por ser año compostelano.

  (http://www.archicompostela.org/Peregrinos/Espanol/Peregrinsantiago.htm)

- **Las iglesias más grandes del mundo.** San Pedro de El Vaticano, Roma (20 139 m^2); Basílica de Nuestra Señora Aparecida, Aparecida, Brasil (18 000 m^2); Catedral de Sevilla, España (11 520 m^2); Catedral de San Juan El Divino, Nueva York, Estados Unidos (11 200 m^2); Catedral de Milán, Italia (10 186 m^2) y Basílica del Pilar, Zaragoza, España (8 318 m^2).

  (http://geografiainfinita.com/2013/11/02/las-10-iglesias-mas-grandes-del-mundo/)

- **Origen de las notas musicales.** Las notas do, re, mi, fa, sol, la y si se deben al monje italiano Guido D'Arezzo (995-1050), uno de los principales creadores de la música de la Edad Media. Guido se inspiró en el himno a San Juan Bautista, que se cantaba en su época, y del cual tomó las primeras letras de una de sus estrofas. A este sistema se le llamó solfeo, y el papa Juan XIX, lo adoptó para la Iglesia. Por todo ello, Guido es considerado el «padre de la música».

  (http://www.biografiasyvidas.com/biografia/g/guido.html)

Dialogamos

1 ¿Qué dato te llama más la atención? ¿Por qué?

2 ¿Qué otro ejemplo de arte cristiano puedes decir?

3 ¿Tienes algún objeto que sea artístico y cristiano? ¿Por qué?

4 ¿Qué es el arte cristiano? ¿Qué valores aporta a la cultura actual?

1 Experiencias humanas y cristianas

El arte es un camino para expresar la fe cristiana y un camino para sentir y llegar a Dios y a su Hijo, Jesús. En el siguiente relato, el padre simboliza a Dios Padre, y el hijo, a Jesucristo, que murió y resucitó para salvarnos: «En esto se manifestó el amor que Dios nos tiene: en que Dios envió al mundo a su Unigénito, para que vivamos por medio de Él» (1 Jn 4, 9).

Nos enseña que quien cree en Jesús y se queda con Él será feliz y se salvará. Y que lo más importante de una obra de arte religioso no es su valor económico, es su belleza, los buenos sentimientos que despierta y su capacidad para unirnos con Dios, con los demás y con uno mismo.

1.1 *¡El hijo! ¡El hijo!* ¿Quién se lleva *El hijo*?

A un hombre rico y a su único hijo les encantaba el arte. Tenían una colección con obras de los mejores pintores. A menudo, se sentaban juntos a admirarlas. Cuando sobrevino una guerra, el hijo marchó como soldado. En la guerra fue muy valiente y murió en una batalla mientras rescataba a otro soldado. Al conocer su muerte, el padre sufrió mucho.

Un día, un joven fue a ver al padre, le entregó un paquete y le dijo: «Señor, usted no me conoce, pero yo soy el soldado por quien su hijo dio la vida. Él salvó muchas vidas ese día, y me estaba llevando a un lugar seguro cuando una bala le atravesó el pecho y murió instantáneamente. Él hablaba muy a menudo de usted y de su amor por el arte. Yo sé que esto no es mucho. Yo no soy un gran artista, pero creo que a su hijo le hubiera gustado que usted recibiera esto».

¿Sabías que...?

La fe cristiana

La fe cristiana es la experiencia del encuentro personal con el Dios cristiano (Padre, Hijo y Espíritu Santo). Es la respuesta del cristiano a la revelación y al gran amor de Dios. Esta fe se celebra en los sacramentos, se practica por la moral cristiana y se profesa en el Credo y en las oraciones de la Iglesia.

«La fe cristiana, no es una ideología, sino un encuentro personal con Cristo crucificado y resucitado. De esta experiencia, que es individual y comunitaria, deriva un modo nuevo de pensar y de actuar». «La fe no es solo pensamiento; la fe abarca todo nuestro ser» (Benedicto XVI —Papa de 2005 a 2013—: Ciudad del Vaticano, 26 de marzo de 2006 y 3 de junio de 2009).

El padre abrió el paquete y se llevó una agradable sorpresa: era un retrato de su hijo pintado por el joven soldado, el cual había representado perfectamente la cara de su hijo. El padre observó los ojos de su hijo, se emocionó y se puso a llorar. Después, le agradeció al joven su gesto y quiso pagarle el cuadro. Pero él se negó y le dijo: «¡Oh no! Yo nunca podré pagar lo que su hijo hizo por mí. Es un regalo».

El padre colgó el retrato encima de su chimenea. Y a quienes venían a ver su famosa colección de arte, antes les mostraba el retrato de su hijo.

Cuando el hombre murió, se organizó una subasta para vender todas sus pinturas. La gente más rica y famosa acudió para comprarlas. El retrato *El hijo* estaba junto al subastador, el cual golpeó su mazo y dijo: «Empezaremos con el retrato *El hijo.* ¿Quién quiere comprarlo?».

Hubo un gran silencio. Después, alguien gritó: «¡Queremos comprar las pinturas famosas! ¡Olvídese de esta!».

El subastador insistió: «¿Alguien ofrece algo por esta pintura? ¿10 000 euros? ¿20 000 euros?».

El subastador seguía preguntando: «*¡El hijo! ¡El hijo!* ¡¿Quién se lleva *El hijo*?!».

Hasta que al fondo de la sala se escuchó: «¡Yo doy 200 euros!». Era la madre del soldado al que «el hijo» salvó la vida. Una anciana pobre, que ofrecía su único dinero, para así recordarle y agradecerle su gesto.

El subastador preguntó si alguien ofrecía más dinero, pero nadie quiso esa pintura de un desconocido. Solo querían comprar las valiosas pinturas para sus negocios. Por ello, entregó, por 200 euros, la pintura a la anciana.

Después, el subastador dijo: «Lo siento mucho, pero la subasta ha terminado. Y este es el motivo: en esta subasta, debía cumplir con un secreto estipulado en el testamento del dueño. Yo no podía revelar este secreto hasta este preciso momento. Solamente la pintura *El hijo* sería subastada. Aquel que la comprara heredaría todas las posesiones de este hombre, incluyendo las famosas pinturas. ¡La anciana que compró *El hijo* se queda con todo!».

(http://www.devocionario.com/textos/c_hijo.html. Adaptación).

Comprende, piensa, investiga...

1 ¿Qué es la fe cristiana?

2 **Reconocer.** ¿Qué es más importante en una obra de arte?

3 ¿Qué te llama más la atención del relato?

4 ¿A quiénes simbolizan el padre y el hijo?

5 ¿Qué te enseña este relato? ¿Y sobre la relación que existe entre la fe cristiana y el arte?

6 **Investigar.** Busca en Internet iconografía cristiana sobre Jesús en el arte. Después, comprueba qué sabes sobre la infancia de Jesús en el arte.

7 Realiza en la web de Anaya la actividad del apartado «Comenzamos a reflexionar» de esta unidad.

2 El arte y la cultura cristiana

La fe en Jesucristo no solamente se practica con comportamientos morales y solidarios. También se práctica desarrollando la cultura y el arte.

2.1 El cristianismo, la religión del arte y la cultura

La fe en Jesucristo se practica desarrollando la cultura y el arte. Por este motivo, la Iglesia fue durante siglos la única institución de Europa que se encargó de la salud, la enseñanza, la cultura y el arte. Y por ello, creó las escuelas, las universidades, los hospitales, las peregrinaciones, etc.

El cristianismo es la religión que más ha promovido el arte y la cultura. Y especialmente, la Iglesia católica ha sido la gran creadora y protectora del arte. Gran parte del patrimonio cultural y artístico de la humanidad se ha realizado bajo su apoyo e inspiración. La Iglesia católica conserva y crea cultura y arte porque:

- El arte, la belleza y la cultura son caminos para encontrarse con Dios y para enseñar el mensaje de salvación de Jesucristo. Por ejemplo, la fe cristiana se enseñó a la población de la Edad Media, que no sa-

Procesión de la Virgen de la Estrella (Triana, Sevilla).

¿Sabías que...?

La fe cristiana creadora de arte y cultura

«La fe es amor y por eso crea poesía y música. La fe es alegría y por eso crea belleza. (...) La cultura cristiana, nacida de la fe, nacida del corazón que se encontró con Cristo. (...) Creatividad, innovación, canto nuevo, cultura nueva y presencia de toda la herencia cultural, de la vitalidad de la fe, no se excluyen sino que son una única realidad. Son presencia de la belleza de Dios, de la alegría de ser hijos suyos». (Benedicto XVI: Audiencia General, Vaticano 21 de mayo, 2008).

bía leer ni escribir, por medio de la pintura, la música o la arquitectura cristiana; por ello, las catedrales eran como un libro con imágenes y significados religiosos, políticos y culturales.

- El arte es un medio de expresión y comunicación de la fe cristiana, de veneración a Dios, y un modo de colaborar en la obra creadora.
- La Biblia contiene muchos personajes, temas y símbolos que han servido de inspiración a multitud de obras artísticas y culturales.

2.2 Aportaciones de la Iglesia al patrimonio

La Iglesia, por medio de sus santos y artistas, realiza grandes aportaciones al patrimonio cultural y artístico de la humanidad: filosofía, ciencia, literatura, teatro, catedrales, basílicas, ermitas, santuarios, monasterios, museos, pinturas, esculturas, canto gregoriano, música polifónica y clásica, agricultura, enseñanza, medicina, escritura, folclore, archivos, etc. Algunos ejemplos son:

- La cultura cristiana antigua (siglos I a V). En esta época, la Iglesia sintetizó y conservó el saber de aquellos siglos. Desarrolló el arte paleocristiano (primer arte cristiano) y la creación de las basílicas paleocristianas. También, promovió el diálogo entre la fe cristiana y la cultura de la antigüedad. San Agustín (354-430), obispo de Hipona (Argelia), escribió obras de filosofía y teología, consideradas centrales en la historia de la filosofía. Su autobiografía *Las Confesiones,* es la autobiografía más vendida en todo el mundo.
- San Isidoro (560-636), arzobispo de Sevilla, recogió toda la ciencia y la cultura de su época en su libro *Etimologías,* considerado como la primera enciclopedia del mundo.
- El arte cristiano contemporáneo. En los siglos XIX y XX, los artistas y arquitectos han seguido creando obras inspiradas en el cristianismo: Marc Chagall (1887-1985): pinturas y vidrieras sobre personajes bíblicos. Antonio Gaudí (1852-1962): el templo de la Sagrada Familia de Barcelona. Salvador Dalí (1881-1989): sus pinturas de la Última Cena, Crucifixión, etc.

Comprende, piensa, investiga...

1 Copia en tu cuaderno y completa cada frase con la información de esta doble página:

a) La fe cristiana es creadora de arte y cultura porque...

b) La fe es amor y por eso crea...

c) Las obras de arte religioso representan... y ayudan a...

d) El arte y la cultura son caminos para encontrarse con Dios y para...

e) La fe en Jesucristo se practica desarrollando...

f) La Iglesia ha realizado aportaciones al patrimonio en la filosofía, ciencia...

g) Dos santos que han contribuido a la cultura son...

2 Responde a la siguiente opinión: «La Iglesia católica está en contra del arte. Por ello, el arte religioso tiene poca importancia en el patrimonio de la humanidad».

3 **Investigar.** Busca en Internet una visita virtual a una catedral y realízala. Después, contesta a las preguntas:

a) ¿Qué te gusta más de ella? ¿Por qué?

b) ¿Qué sientes al contemplarla?

4 Realiza en la web de Anaya la actividad interactiva de esta unidad.

3 La Biblia y mis competencias: Dios y el arte

Este relato se encuentra en el Antiguo Testamento, en el Primer Libro de los Reyes, cuya redacción final fue en el año 562-560 a. C.

Narra la historia del rey Salomón cuando mandó construir, en Jerusalén, el primer templo judío. Anteriormente, adoraban a Dios en el Tabernáculo, que era una tienda de tela con estructura de madera.

3.1 Salomón y el templo de Jerusalén (1 Re 1-11)

Al heredar el reino de Israel, Salomón pidió a Dios sabiduría y prudencia para gobernar bien a su pueblo. Dios le respondió: «Te concedo, pues, un corazón sabio e inteligente, como no ha habido antes de ti ni surgirá otro igual después de ti. Te concedo también aquello que no has pedido, riquezas y gloria mayores que las de ningún otro rey mientras vivas. Y si caminas por mis sendas, guardando mis preceptos y mandamientos, como hizo David, tu padre, prolongaré los días de tu vida».

Al principio, se comportó justamente y juzgó a su pueblo con gran sabiduría. Todos se admiraban de su sabiduría y justicia. Sin embargo, el reinar le volvió orgulloso. Dejó de practicar estos buenos valores y quiso ser un rey poderoso. Para lograrlo, se casó con una hija del faraón y con las hijas de los reyes de los países vecinos. Formó un gran ejército. Construyó grandes fortalezas y palacios con materiales lujosos (oro, marfil, mármol, madera de cedro...) y los adornó con obras de arte de gran riqueza. Fue tan famoso que hasta la reina de Saba (Etiopía) le visitó.

El templo de Salomón, grabado al agua fuerte fechado en 1625 y realizado por Matthäus Merian, el Viejo.

Salomón mandó construir un templo en honor de Dios. Pero los israelitas no tenían arquitectos ni los materiales necesarios. Por ello, hizo un tratado con el rey fenicio Jirán, quien le proporcionó arquitectos, artesanos y madera, a cambio de las cosechas y veinte ciudades de Israel.

La construcción del templo duró siete años. Para pagar los enormes gastos de la obra, obligó a los israelitas a trabajar gratis y les cobró excesivos impuestos. Esto provocó el enfrentamiento con su pueblo. Entonces, Dios le recordó que lo más importante para Él no era el templo que le había construido, sino cumplir sus mandamientos. Pero Salomón no le hizo caso y siguió con su vida de lujos y de continuos casamientos. A su muerte, Israel se dividió en dos reinos y su templo fue destruido en el año 586 a. C., por Nabucodonosor, rey de Babilonia.

3.2 Quién es el personaje

- **Salomón.** Su nombre significa «pacífico». Era hijo del rey David y de Betsabé. Reinó entre los años 971-931 a. C., y fue el más poderoso de los reyes de Israel.

3.3 Para interpretar correctamente el relato

El relato se basa en hechos y personajes históricos. Sin embargo, no hay que interpretarlo solamente como una historia en sentido actual. Es una reflexión sobre la historia de Israel, donde se enjuicia a sus reyes por su fidelidad o infidelidad a Dios. Por este motivo, Salomón es valorado, al principio de su mandato, como un buen rey, pero se le consideró un mal rey al final de su reinado, debido a sus pecados de idolatría, injusticias y por querer comprar la voluntad de Dios con el templo.

3.4 Qué nos enseña para la vida diaria

Enseña las consecuencias negativas que tiene construir lujosos templos con los sufrimientos de los más pobres: alejarse de Dios y dividir a Israel. El verdadero culto que agrada a Dios debe unir la belleza de las obras artísticas con la práctica de la justicia y la sabiduría.

Comprende, piensa, investiga...

1 En pareja, completad en vuestro cuaderno la ficha del relato:
   a) Nombre del relato, libro a que pertenece y fecha de redacción.
   b) Argumento del relato.
   c) Datos del personaje.
   d) Datos que ayudan a interpretarlo correctamente.
   e) Hecho o frase del relato que más te llama la atención.
   f) Enseñanza que se puede extraer.

2 Lee lo que dice Dios a Salomón y contesta: ¿qué debería haber hecho Salomón para seguir siendo amigo de Dios y un rey justo?

«Por haberme pedido esto y no una vida larga o riquezas para ti, por no haberme pedido la vida de tus enemigos sino la inteligencia para atender a la justicia, yo obraré según tu palabra: te concedo, pues, un corazón sabio e inteligente». (1 Re 3, 11-12).

3 Busca en Internet la visita virtual del Muro de las Lamentaciones. Visítalo virtualmente pues, como ya sabes, es del templo judío de Jerusalén que conoció Jesús y el lugar más sagrado para los judíos.

Después, imagínate que eres judío: ¿qué sentirías al estar allí? ¿Qué le pedirías a Dios?

Taller de inteligencias múltiples

Mi inteligencia espiritual

La espiritualidad y las peregrinaciones

El caminar y el peregrinar forman parte de la vida humana. Simbolizan el camino que recorremos para cambiar interiormente, encontrar la felicidad, dar sentido a la vida, etc. Lo contrario es pararse, estancarse, morirse en vida... Los creyentes realizan peregrinaciones como un viaje interior y exterior, para fortalecer su espiritualidad, y así encontrarse consigo mismo y con Dios.

Infórmate y reflexiona

1 Lee y contesta: ¿Qué son las peregrinaciones cristianas? ¿Para qué se realizan?

Las peregrinaciones cristianas

La fe cristiana es el origen de la mayoría de las tradiciones y fiestas religiosas que forman parte de la cultura actual de España y de Europa. Las peregrinaciones son parte importante de este patrimonio artístico y cultural. Consisten en visitar lugares sagrados, generalmente caminando, por motivos religiosos.

A los cristianos que peregrinan a Roma se les llama «palmeros», «romeros» a los que viajan a Jerusalén y «peregrinos» a quienes van a Santiago de Compostela. Lo más importante y original de las peregrinaciones es su sentido religioso y cristiano.

«Peregrinar no es simplemente visitar un lugar cualquiera para admirar sus tesoros de naturaleza, arte o historia. Peregrinar significa, más bien, salir de nosotros mismos para ir al encuentro de Dios allí donde Él se ha manifestado, allí donde la gracia divina se ha mostrado con particular esplendor y ha producido abundantes frutos de conversión y santidad entre los creyentes.

Los cristianos peregrinaron, ante todo, a los lugares vinculados a la pasión, muerte y resurrección del Señor, a Tierra Santa. Luego a Roma, ciudad del martirio de Pedro y Pablo, y también a Compostela, que, unida a la memoria de Santiago, ha recibido peregrinos de todo el mundo, deseosos de fortalecer su espíritu con el testimonio de fe y amor del Apóstol». (Benedicto XVI, Papa de 2005 a 2013: Homilía pronunciada en la Catedral de Santiago de Compostela. 6 de noviembre de 2010).

2 Recuerda alguna peregrinación en la que has participado. Puede ser también alguna romería, procesión de Semana Santa, etc., a la que has asistido como penitente, formando parte de su banda de música...

Recuerda y comparte tu espiritualidad

3 Contesta a las siguientes preguntas con sinceridad, como si fuese en tu diario personal. Solo tú conocerás tus respuestas.

Diario de mi peregrinación

a) ¿Cuál ha sido tu mayor experiencia de caminata? ¿Y de peregrinación? ¿En qué consistió la peregrinación? ¿Dónde? ¿Cómo fue?

b) ¿Por qué motivos fuiste como peregrino?

c) ¿Qué sentimientos viviste durante la peregrinación?

d) ¿Para qué te sirvió? ¿Para rezar y estar más en silencio? ¿Para encontrarte más con Dios y contigo mismo? ¿En qué te influyó para desarrollar tu espiritualidad?

4 Elige a un compañero o compañera de clase y dialogad sobre las anteriores preguntas. Respetad vuestras experiencias y aprended uno del otro.

Mi inteligencia emocional

El sentimiento de piedad

El sentimiento de piedad consiste en experimentar pena, compasión y fuerza para ayudar a una persona o a un animal que sufre.

Interpreta una obra de arte

1 **Ordenar.** Ordena las palabras subrayadas, lee la presentación y contesta: ¿qué idea te llama más la atención? ¿Por qué?

La piedad es un valor y un sentimiento que el cristiano debe buscar y vivir: «Hombre de Dios (...). Busca la ciatijus, la piedad, la ef, el oram, la nciapacie, la mbresemandu» (1 Tim 6,11).

2 Lee y contesta: ¿qué representa *La Piedad*?

La Piedad la realizó Miguel Ángel Buonarroti (1475-1564), con 23 años. Representa la piedad que siente María al tener muerto entre sus brazos a su hijo Jesús. Un dolor que comenzó con su pasión y crucifixión (Jn 19, 25-27). Y también, la piedad que se vivencia al contemplarla.

Esta escultura se encuentra en la basílica de San Pedro, en el Vaticano. Al ver su gran belleza, algunos no creyeron que su autor fuera Miguel Ángel, por su juventud. Al enterarse, Buonarroti se enfadó y grabó a cincel su nombre en la escultura, siendo esta la única obra firmada del artista. En la cinta del pecho de la Virgen escribió: «Michael A[n]gelus Bonarotus Florent[inus] Facieba[t]» («Miguel Ángel Buonarroti, florentino, lo hizo»).

Ponte en su lugar y vive la piedad

3 Observa atentamente la imagen del libro. Busca en Internet información sobre *La Piedad* de Miguel Ángel.

Después, cierra los ojos e imagínate que eres la Virgen María y vives esa situación. Por último, vuelve a observar la escultura y contesta:

a) ¿Qué sentimientos habría tenido María?

b) ¿Qué sentimientos se han despertado en ti?

c) ¿Para qué te puede ayudar el fortalecer en ti el sentimiento de piedad? ¿Y el expresarlo y practicarlo con las personas que más te necesitan?

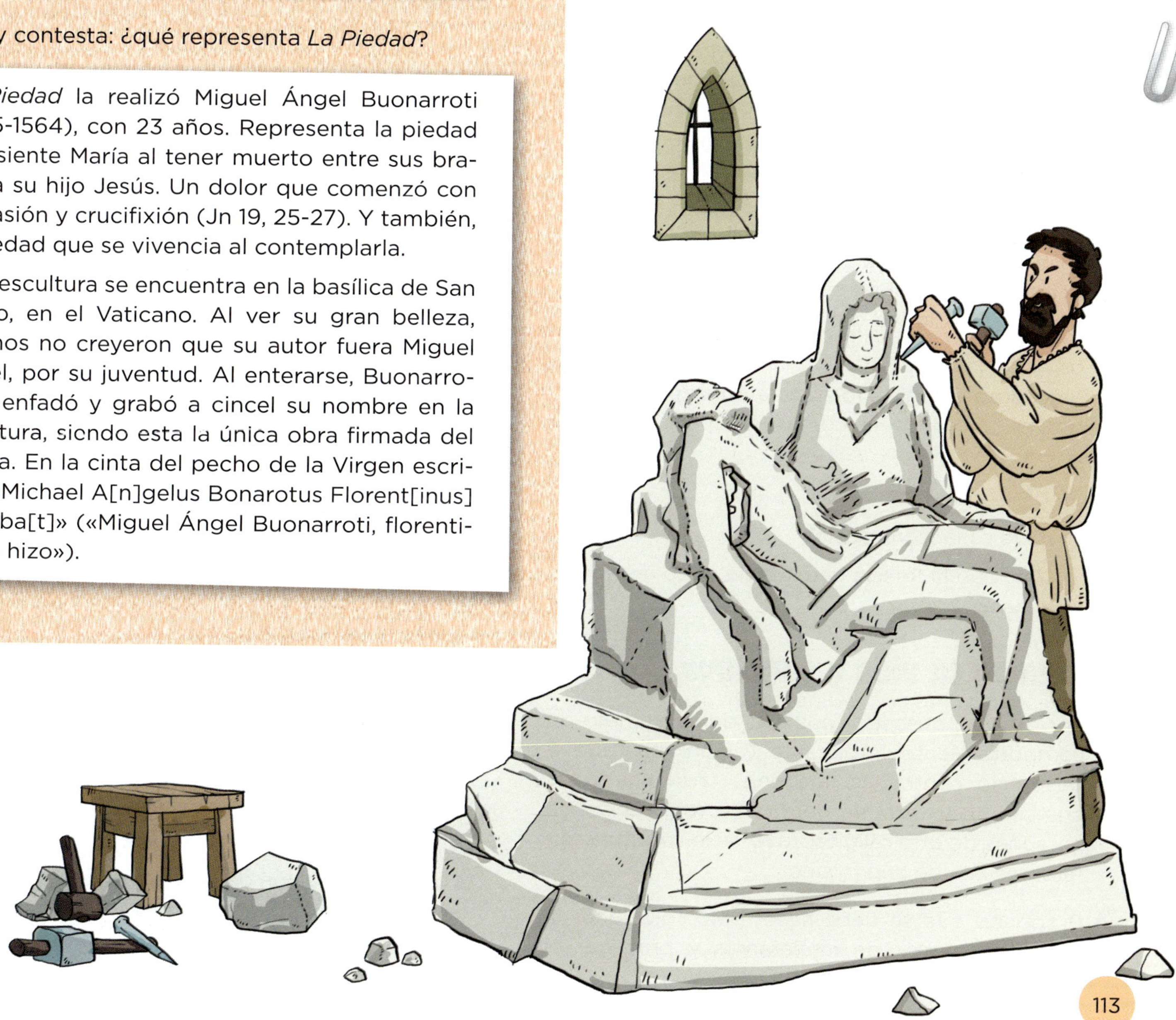

Mis valores humanos y cristianos

Frontal de Rigatell (Museo Nacional de Arte de Cataluña, Barcelona).

El valor de la tolerancia

El valor de la tolerancia consiste en respetar y aprender de las diferentes creencias, valores y comportamientos. Ser tolerante no significa renunciar a la propia fe y valores. Hoy es necesario practicar la tolerancia para evitar las actuales discriminaciones, guerras y fanatismos. Por ejemplo, las que produce la iconoclasia o el ridiculizar públicamente los símbolos religiosos.

emprender aprender

Evalúate e infórmate

1 Distribuimos en grupos. Leed y contestad: ¿qué hay que hacer para eliminar la intolerancia?

«El problema de la intolerancia debe ser afrontado en su conjunto, allí donde cualquier minoría es perseguida y marginada por motivo de sus convicciones religiosas y étnicas. El bien de toda la sociedad está en peligro y todos debemos sentirnos implicados. (...) Unamos nuestras fuerzas para favorecer una cultura del encuentro, del respeto, de la comprensión y del perdón recíproco» (Papa Francisco: jueves 24 de octubre de 2013, Ciudad del Vaticano).

2 Buscad en Google «Tolerancia Educaplay» y realizad el test; después contestad: ¿para qué te ha servido?

3 Leed y contestad:

a) ¿Qué es la iconoclasia?

b) ¿Por qué la Iglesia católica da culto a las imágenes?

Aplica en tu vida y concluye

4 Por grupos, buscad y escribid algún ejemplo de comportamiento intolerante (algún atentado y desprecio contra las imágenes cristianas y los cristianos); y otro de verdadera tolerancia con personas de otra religión, raza, sexo o cultura, diferentes a la de uno mismo.

5 Proponed qué se debe hacer para solucionar el ejemplo anterior de intolerancia y practicar el valor de la tolerancia: ¿Cómo solucionarlo? ¿Con quién? ¿Para qué? ¿Cuándo? ¿En qué podemos ayudar nosotros?

6 Presentad a la clase vuestro ejemplo, solución y el para qué os ha servido este apartado.

El culto a las imágenes en la Iglesia católica

La Iglesia desde el principio dio culto a las imágenes. Se desarrolló en la Iglesia griega, principalmente entre los monjes. Algunos emperadores, por medio de las guerras, los decretos y los sínodos iconoclastas, trataron de destruir las imágenes cristianas (iconoclasia). Dos emperatrices: Irene (esposa de León IV) y Teodora (madre de Miguel III), modificaron los decretos para permitir el culto de las imágenes. Con Mahoma (569-632) y el desarrollo del islam, creció la disputa iconoclasta, porque esta religión prohíbe las imágenes sobre Mahoma, Dios...

Ante esta situación, en el II Concilio de Nicea (año 787), la Iglesia condenó el movimiento iconoclasta y justificó el culto a las imágenes sagradas. Y en el siglo XVI, los cristianos protestantes rechazaron el culto a las imágenes.

Así justifica la Iglesia católica el arte cristiano y el culto a las imágenes: «A partir de la Encarnación del Verbo (Jesucristo), el culto cristiano a las imágenes está justificado (como afirma el II Concilio de Nicea del año 787), porque se fundamenta en el Misterio del Hijo de Dios hecho hombre, en el cual, Dios trascendente se hace visible. No se trata de una adoración de la imagen, sino de una veneración de quien en ella se representa: Cristo, la Virgen, los ángeles y los santos». (Compendio del Catecismo de la Iglesia Católica. 2005, nº 446).

He aprendido

Sobre el arte cristiano

1 **Reconocer.** Escribe en tu cuaderno el número de cada frase y las dos palabras que faltan de las que te damos la inicial.

1. La fe en (J...) se celebra en los sacramentos, se profesa en el (C...) y se practica por la moral cristiana y desarrollando la cultura y el arte.
2. El (c...) destaca por ser la religión de la (b...) y la Iglesia católica es la religión que más importancia da al arte.
3. Las obras de arte (r...) representan el misterio de la (d...) y ayudan a comunicarse con lo Trascendente.
4. La experiencia de la fe cristiana influye y genera (c...), belleza, arte, (p...), costumbres, salud, educación, etc.
5. El (a...) es muy importante para el catolicismo porque es un medio para expresar la fe cristiana y colaborar en la obra creadora de (D...).
6. El origen del patrimonio cristiano es su fe en el Dios (T...) y su fuente principal de inspiración es la (B...).
7. El (c...) es la (r...) que más ha desarrollado y conservado el patrimonio cultural y artístico de la humanidad.
8. (J...) está presente en la historia y en la (I...) por la fe cristiana, que es creadora de arte y cultura.

Sobre el relato bíblico

2 ¿Cuál es el argumento del relato «Salomón y el templo de Jerusalén»?

3 ¿Qué hizo Salomón con las capacidades que Dios le concedió?:

> «Dios concedió a Salomón sabiduría e inteligencia extraordinarias, y un corazón dilatado como la playa a orillas del mar. Su sabiduría superaba a la de todos los hijos de Oriente y a toda la de Egipto. (...) Su nombre se hizo famoso entre todos los países vecinos. Compuso tres mil proverbios y su cancionero contenía mil cinco poemas» (1 Re 5, 9-12).

4 ¿Qué enseña el relato «Salomón y el templo de Jerusalén»?

Sobre el valor de la tolerancia

5 Escribe una definición sobre el valor de la tolerancia.

6 Lee y contesta: ¿qué puedes hacer para ser más tolerante y, así, mejorar la convivencia en tu clase y en tu familia?

> «Puesto que yo soy imperfecto y necesito la tolerancia y la bondad de los demás, también he de tolerar los defectos del mundo hasta que pueda encontrar el secreto que me permita ponerles remedio».
>
> (Mahatma Gandhi —1869-1948— político indio pacifista).

Realiza en la web de Anaya la autoevaluación de esta unidad.

La Biblia

- Los libros de la Biblia
- Las citas bíblicas

Los libros de la Biblia

La Biblia es una colección de 73 libros. Se divide en dos partes: Antiguo Testamento y Nuevo Testamento.

El Antiguo Testamento

El **Antiguo Testamento** está formado por 46 libros:

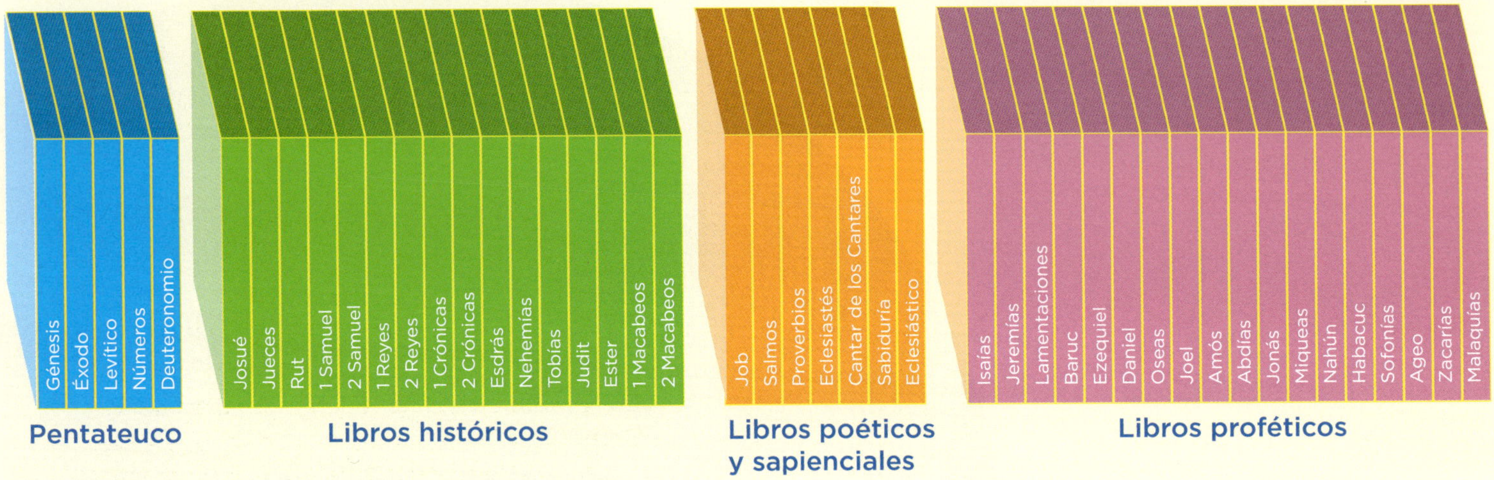

El Nuevo Testamento

El **Nuevo Testamento** está formado por 27 libros:

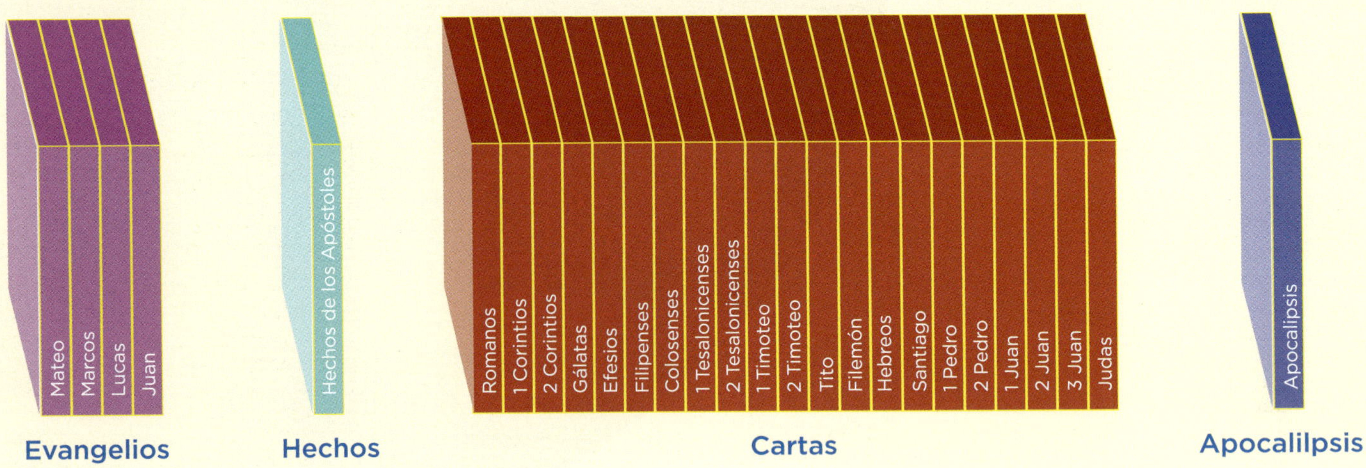

Cómo se organizan los libros de la Biblia

Cada libro de la Biblia se divide en **capítulos.** Y cada capítulo, en **versículos.** Un versículo es un texto breve formado por una o varias frases.

Por ejemplo, el **libro del Génesis:**

- Se divide en **50 capítulos.**
- El **capítulo 1** comprende **31 versículos.**
- El texto del versículo primero del Génesis es «Al principio creó Dios el cielo y la tierra».

Las citas bíblicas

Qué es una cita bíblica y cómo se escribe

Una cita es un texto concreto de un libro de la Biblia. Una cita bíblica se escribe con:

- El nombre abreviado del libro al que pertenece.
- El número del capítulo.
- El número o los números de los versículos.

Por ejemplo:

Gén 22, 1-2

Génesis — capítulo 22 — versículos 1 y 2

Cómo localizar una cita en la Biblia

Para localizar en la Biblia la cita Gén 22, 1-2, o cualquier otra, tienes que seguir estos pasos:

- Mira en el índice de tu Biblia en qué página comienza el libro del Génesis.
- Ve a la primera página del libro del Génesis.
- Busca el capítulo 22 (números grandes).
- Lee los versículos 1 y 2 (números pequeños).

Versículo — Capítulo — Versículo — Abreviatura del libro

Gén

22 1 Después de estos sucesos, Dios puso a prueba a Abrahán.

Le dijo: «¡Abrahán!». Él respondió: «Aquí estoy».
2 Dios dijo: «Toma a tu hijo único, al que amas, a Isaac, y vete a la tierra de Moria y ofrécemelo allí en holocausto en uno de los montes que yo te indicaré».

Las abreviaturas de los libros de la Biblia

Antiguo Testamento

Pentateuco

Génesis	Gén / Gn
Éxodo	Éx
Levítico	Lev / Lv
Números	Núm / Nm
Deuteronomio	Deut / Dt

Históricos

Josué	Jos
Jueces	Jue
Rut	Rut
1 Samuel	1 Sam / 1 Sm
2 Samuel	2 Sam / 2 Sm
1 Reyes	1 Re
2 Reyes	2 Re
1 Crónicas	1 Cró / 1 Cr
2 Crónicas	2 Cró / 2 Cr
Esdras	Esd
Nehemías	Neh
Tobías	Tob
Judit	Jdt
Ester	Est
1 Macabeos	1 Mac
2 Macabeos	2 Mac

Poéticos y sapienciales

Job	Job
Salmos	Sal
Proverbios	Prov
Eclesiastés	Ecl
Cantar de los Cantares	Cant
Sabiduría	Sab
Eclesiástico	Eclo

Proféticos

Isaías	Is
Jeremías	Jer / Jr
Lamentaciones	Lam
Baruc	Bar
Ezequiel	Ez
Daniel	Dan / Dn
Oseas	Os
Joel	Jl
Amós	Am
Abdías	Abd / Ab
Jonás	Jon
Miqueas	Nah
Habacuc	Hab
Sofonías	Sof
Ageo	Ag
Zacarías	Zac
Malaquías	Mal

Nuevo Testamento

Evangelios y hechos

Mateo	Mt
Marcos	Mc
Lucas	Lc
Juan	Jn
Hechos de los Apóstoles	Hch

Cartas de San Pablo

Romanos	Rom
1 Corintios	1 Cor
2 Corintios	2 Cor
Gálatas	Gál
Efesios	Ef
Filipenses	Flp
Colosenses	Col
1 Tesalonicenses	1 Tes
2 Tesalonicenses	2 Tes
1 Timoteo	1 Tim
2 Timoteo	2 Tim
Tito	Tit
Filemón	Flm

Otras cartas y apocalipsis

Hebreos	Heb
Santiago	Sant
1 Pedro	1 Pe
2 Pedro	2 Pe
1 Juan	1 Jn
2 Juan	2 Jn
3 Juan	3 Jn
Judas	Jds
Apocalipsis	Ap

APRENDER ES CRECER EN CONEXIÓN es un proyecto educativo de Anaya Educación para la ESO.
En la realización de este libro han intervenido:

- **Edición**
  Miguel Ángel Múñoz Sanjuán

- **Diseño**
  Dirección de arte: Javier Serrano. Cubierta: Patricia Gómez Serrano. Interiores: Marta Gómez Peso y Paco Martín. Desarrollo gráfico de cubierta: Juan Carlos Quignon

- **Ilustraciones**
  Tatio Viana, Ángeles Peinador, Álex Orbe y Javier Lacasta Llácer

- **Maquetación**
  Isabel Pérez

- **Corrección**
  Sergio Borbolla

- **Edición gráfica**
  Jose M.ª Marcelino

- **Fotografías**
  Archivo Anaya (Cosano, P.; Martin, Jh.; Pozo, M.; Ruiz Pastor, L.; Sánchez, J.) Age, Album, Corbis/Cordon Press, Efe, Getty Images, Latin Stock/Reuter, Thinkstock/ Getty Images, 123 RF.

  Agradecimientos:

  Claudio Luzardo González y José A. Carrasco.

  Iglesia del Sagrado Corazón de los PP Claretianos (Las Palmas de Gran Canaria).

Las normas ortográficas seguidas en este libro son las establecidas por la Real Academia Española en la *Ortografía de la lengua española,* publicada en el año 2010.

Nuestras publicaciones mantienen el rigor en el uso y en la selección de los contenidos, en las imágenes y en el lenguaje, para cumplir con la **no discriminación** por razón de género, cultura u opinión.

IMPORTANTE. Las actividades propuestas en este libro deben ser realizadas en cuadernos u hojas sueltas; **nunca en el propio libro.**

Este libro ha sido aprobado por la COMISIÓN EPISCOPAL DE ENSEÑANZA Y CATEQUESIS con fecha 9 de julio de 2015, según el NUEVO CURRÍCULO DE RELIGIÓN Y MORAL CATÓLICA (BOE, 24 de febrero de 2015).

ISBN: 978-84-678-5258-5 - Depósito Legal: M-11317-2015 - Printed in Spain.

ET019756/1E3I - 8440070